가장 쉽게 배우는
맨 처음 글쓰기

김영주 지음 | 시은경 그림

휴먼어린이

나만의 책 제목을
지어 보세요.

예 《배꼽 빠지게 재밌다!》, 《맘대로 멋대로》, 《반짝반짝》, 《내 보물》, 《미래의 작가》

책 제목

시작한 날   년   월   일

이름

초대하는 글

겪은 대로 말하고
말한 대로 쓰기

이 책은 한글을 알고 있는 모든 학생이 글쓰기를 처음 배우기에 알맞습니다. 막 한글을 익힌 1학년은 물론, 글쓰기를 어려워하는 높은 학년 학생에게도 도움이 됩니다. 글쓰기의 알맹이는 삶에서 경험한 일을 겪은 대로 말하고, 말한 대로 쓰는 것입니다. 줄여 말하면 '삶-말-글' 원리입니다.

글을 잘 쓰려면 삶에서 겪은 일을 잘 잡아낼 줄 알아야 합니다. 하루 내내 여러 가지 일을 겪었는데도 무엇을 겪었는지, 무엇을 느꼈는지 떠올리지 못하기 때문에 글감을 찾아내지 못하는 것입니다. 어떻게 하면 삶에서 글감을 잡아낼 수 있을까요? 이것이 맨 처음 글쓰기의 핵심입니다.

I. 삶 겪기

겪기에는 두 가지 종류가 있습니다. 내가 몸으로 직접 해 보는 '직접 겪기'가 첫째요, 다른 사람이 겪은 이야기를 듣거나 보거나 읽는 '간접 겪기'가 둘째입니다.

제일 으뜸은 내가 직접 겪은 것을 바로 이야기하고 써 보는 것입니다. 하지만 이것은 혼자 배우기가 쉽지 않습니다. 그래서 학교에서 학생들은 비가 오는 날 친구들과 직접 비를 맞으며 그 느낌을 이야기하고 글을 씁니다. 눈 온 날 눈싸움을 하고 나서, 특별한 과학 실험을 하고 나서, 학교

야영을 하고 나서, 무서운 이야기를 듣고 나서 바로 말하고, 말한 대로 쓰기를 합니다. 물론 이것은 선생님이 아이들 마음을 잘 읽어 내야 가능하지요. 그래서 겪은 것을 바로 말하고 쓰기를 할 수 있도록 개인 글쓰기 공책을 교실에 늘 놓아둡니다.

이와 더불어 보통 때는 다른 친구들이 쓴 좋은 글을 먼저 읽고 나서 내가 겪은 것을 떠올려 보게 합니다. 이것이 간접 겪기이지요. 이때는 다른 친구들의 본보기 글이 아주 중요합니다. 삶에서 겪은 것을 잘 잡아낸 글은 아이, 어른 할 것 없이 모두 좋아하니까요. "아, 나도 그랬는데.", "나는 그때 이런 느낌이었는데." 하고 자기가 겪은 것을 떠올립니다.

중·고등학교 학생을 대상으로 글쓰기 수업을 한 적이 있는데요. 초등학교 1학년 아이들이 '쉬는 시간'을 주제로 쓴 글을 읽고, 중·고등학생들이 자신들의 '쉬는 시간' 이야기를 줄줄 하는 것을 보았습니다. 좋은 글은 좋은 글감이 됩니다. 누구나 좋은 글감을 접하고 자꾸 자기 이야기를 하다 보면 나중에는 글감을 스스로 찾아 글을 쓰게 됩니다.

이 책의 1단계에 나오는 본보기 글들은 모두 또래 아이들이 쓴 글입니다. 저는 20년 동안 교실에서 아이들과 글쓰기를 하고 문집을 만들었는데, 그중에서 본보기 글을 가려 뽑았습니다. 또한 전국초등국어교과모임 선생님들이 교실에서 글쓰기를 한 뒤 문집을 내고, 다시 문집에서 좋은 글을 모아 펴낸 책에서 알맞은 본보기 글을 뽑았습니다. 총 200편의 글을 나, 집, 학교, 동네, 자연의 다섯 갈래로 나누어 실었습니다. 이 다섯 공간은 아이들이 살아가는 움직임 선이기도 합니다. 이 속에는 아이들의 삶이 담겨 있습니다.

1단계에서는 본보기 글을 소리 내어 읽습니다. 마음에 들면 여러 번 읽어도 좋습니다. 바꾸고 싶은 말이 있으면 새롭게 바꾸어 넣어 읽어도 좋습니다. 읽으면서 자기가 겪은 것이 자꾸 떠오를수록 좋습니다.

2. 겪은 일 떠올려 말하기

본보기 글은 내가 겪은 일들을 떠올리게 합니다. 본보기 글을 읽으며 떠오른 낱말들을 쭉 이야기해 봅니다. '바지' 하면 저는 '지퍼, 화장실, 반바지, 비' 따위가 떠오릅니다. 떠오른 낱말들을 2단계 빈 동그라미 안에 써 넣습니다. 써넣을 때 왜 그 말이 떠올랐는지 이야기합니다.

제가 '지퍼'를 떠올린 이유는 오줌을 누고 지퍼를 올렸는데 지퍼가 고장 났기 때문입니다. 지퍼가 올라갔는데 꼭 조여지지 않고 쭉 벌어지는 거예요. 여러 번 올렸다가 내려도 계속 벌어져서 혼났지요. 걸어갈 때 지퍼 속 팬티가 보일까 봐 아주 조심조심 걸었던 기억이 납니다.

'화장실'은 제가 1학년 친구들과 같은 층에서 근무할 때 남자 화장실에 갔는데 어떤 1학년 친구가 바지를 무릎 아래까지 다 내리고 오줌을 누었던 모습이 떠올랐기 때문입니다.

'반바지'는 제가 긴바지를 사서 오래 입다가 낡으면 밑동을 잘라서 반바지로 만들어 입기 때문이지요. 그러면 새로 산 바지를 입은 것처럼 기분이 산뜻해지지요.

'비'는 며칠 전 장마로 비가 많이 와서 아침 마중을 나갈 때 고생한 일이 떠올랐기 때문입니다. 우리 학교는 산 중턱에 있어서 정문 아래쪽으로 한참 내려가서 네거리에서 아이들 맞이를 합니다. 내리막길이다 보니까 비가 도로 위로 철철 넘쳤어요. 비는 폭포처럼 쏟아지고 발목 위까지 물이 차오르니까, 양말과 신발은 벗어서 신발장에 두고 슬리퍼만 신고 나갔어요. 그래도 바지가 젖어서 바지를 무릎 위까지 걷고 내려갔답니다. 아이고, 비 이야기는 끝이 없네요. 아마도 '비'는 겪은 지 얼마 안 되어서 실감 나니까 자꾸 생각나서 말을 더하게 되는가 봐요. 말이 살아나지요.

이처럼 1단계에서 '바지'를 주제로 삼은 본보기 글을 읽고 나서, 2단계에서는 자기가 겪은 일을 넉넉하게 이야기합니다. 이때 들어 주는 사람이 있으면 더욱 좋습니다. 선생님, 부모님, 언니, 형, 동생 등이 옆에 있다면 이야기하는 재미가 더 납니다. 나만 이야기하지 말고 상대방의 이야기도 귀 기울여 듣습니다.

3. 제목을 정하고 말한 대로 쓰기

제목은 2단계에서 나온 낱말 가운데 하나를 정합니다. 말할 때 가장 실감 나게 잘 떠올랐던 것을 제목으로 삼으면 됩니다. 실감이 난 것은 말할 때 줄거리가 쭉쭉 떠오르고 얼굴이 밝아지며 신이 나서 말한 뒤 기분이 좋아집니다.

저 같으면 '지퍼', '화장실', '반바지', '비' 가운데 무엇을 제목으로 해야 할까요? 물론 '비'입니다. '비'를 말할 때 가장 생생하게 겪은 것들이 떠올랐으니까요. 그렇다면 제목 칸에 '비'라고 쓰고 비를 떠올리며 말한 것을 잘 되살려 가며 글을 씁니다. 겪은 대로 말하게 되면, 많은 말을 하지 않아도 꼭 하고 싶은 말을 하게 됩니다.

앞서 말했던 순서대로 글을 쭉 써 내려갑니다. 다 쓰고 나면 글을 소리 내서 읽어 봅니다. 내가 겪은 일이 실감 나게 잘 드러났는지 살펴봅니다. 새로운 말이 떠오르면 그 말로 바꾸어 씁니다. 빠진 말이 있으면 채워 넣습니다.

2021년 1월

김영주

책의 활용법

1. 글감 찾기 단계

❶ 본보기 글을 소리 내어 읽어 보세요.
❷ 내가 겪은 일을 떠올려 보세요.

⑱ **바지**

글쓴날
월 일
요일

다음 글을 읽어 보세요.

단추

언제는 내가 집에 도착했을 때
바지가 흘러내렸다.
봤는데 단추가 빠져 있었다.

— 1학년 박서연

바지 때문에

바지가 줄줄 내려온다. 바지 미워.
축구도 바지 잡고 하고, 뛸 때 줄줄줄.
아냐, 내 얼굴에는 썩소가 번진다.
엄마, 바지 좀 제대로 챙겨 주세요.

— 3학년 권도혁

본보기 글에서 바꾸고 싶은 낱말이나 문장을
마음대로 바꾸어 읽어 보세요!

부모님, 선생님, 언니, 형, 동생에게 이야기하면 더욱 좋아요!

2. 제목 찾기 단계

❶ 글감을 보고 떠오른 낱말을 빈칸에 적어 보세요.

❷ 그 낱말이 떠오른 까닭을 말해 보세요.

 '바지' 하면 떠오르는 낱말로 빈칸을 채워 보세요.

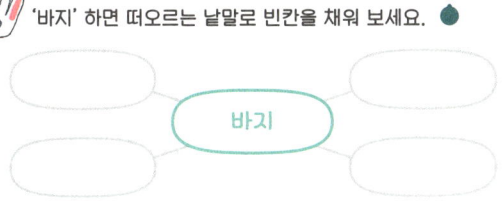

바지

 위에 쓴 낱말 중 하나를 골라 ☐ 안에 쓰고, 떠오른 이야기를 빈칸에 써 보세요.

제목:

3. 글쓰기 단계

❶ 가장 실감 나게 말했던 낱말을 제목 칸에 적어 보세요.

❷ 앞서 말했던 대로 글을 써 보세요.

❸ 내가 쓴 글을 소리 내어 읽어 보세요.

읽으면서 새로운 말이나 빠진 말이 생각나면 얼마든지 수정해도 좋아요.

차례

- 초대하는 글 6
- 책의 활용법 10

1. 나

- **글쓰기 하나! 겪은 대로 말하기 14**
- 치과 | 추위 | 속상했을 때 | 공부 | 보고 싶을 때 | 눈물 | 학교 가기 싫은 날
  다쳤을 때 | 오줌 마려울 때 | 말놀이 | 상상 | 내 방 | 빈둥빈둥 쉬고 싶을 때
  실내화 주머니 | 짜증 나는 날 | 일어나기 싫을 때 | 감기 | 바지 | 장난감 갖고 싶을 때
  소리 | 로봇 같을 때 | 꿈 | 외모 | 따뜻해지려면 | 이

2. 집

- **글쓰기 둘! 말한 대로 쓰기 66**
- 방귀 | 동생 | 엄마 | 부모님 싸움 | 형, 오빠 | 누나, 언니 | 할머니 | 텔레비전
  아빠와 놀이 | 집 | 아빠의 코골이와 술 | 엄마, 아빠와 추억 | 잔소리 | 말 | 목욕
  친구가 없을 때 | 부모님과 닮은 점 | 용돈 | 추위를 이겨 내는 법 | 집에 혼자 있을 때

3. 학교

- **글쓰기 셋! 글감은 재료·제목은 나만의 느낌** 108
- 별명 | 친구 | 놀이 | 짝꿍 | 받아쓰기 | 병원 | 화장실 | 비밀 | 딱지 | 짝 바꾸기 | 공개 수업
  개학 | 학교에서 어렵거나 싫은 일 | 역할극 | 싸움 | 급식 | 숙제 | 운동장 | 오카리나
  교실 | 선생님 | 지각 | 병원놀이 | 쉬는 시간 | 떨릴 때

4. 동네

- **글쓰기 넷! 흉내 내지 말고 나만의 말 찾기** 160
- 놀이 | 음식에서 떠오르는 것 | 자전거 | 욕 | 미세 먼지 | 학원 | 수영 | 동물원 | 라면
  연예인 | 마트와 시장 | 똥 | 계곡 | 텃밭 | 차 타고 가다 생긴 일 | 눈 오는 날 | 물건 사기
  보는 재미, 하는 재미 | 남을 돕고 싶을 때 | 왜 그런지는 잘 모르지만

5. 자연

- **글쓰기 다섯! 겪기·말하기·글감과 제목·글쓰기를 한꺼번에 번뜩!** 202
- 고양이 | 강아지 | 단풍잎 | 비 | 나무 | 하늘 | 바람 | 눈 | 동물 키우기 | 새

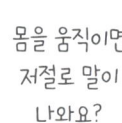

1 치과

☐ 월 ☐ 일
☐ 요일

 다음 글을 읽어 보세요.

세상에서 제일 싫은 치과

귤 먹다 이빨이 툭! 치과에서 나머지 이빨을 툭!
이빨 본뜨고 마취하고 이빨 투두둑.
집게로 손을 부들부들 팍 뽑지. 이빨 뽑는 게 너무 힘들어.

— 2학년 김아리

수박씨

수박을 먹을 때 수박씨가 걸렸다.
수박씨를 뱉으려고 앞니로 수박씨 하나를 뱉었다.
수박씨 두 개가 바로 톡 나왔다.
내 앞니 두 개가 없다?

— 2학년 김시후

 '치과' 하면 떠오르는 낱말로 빈칸을 채워 보세요.

 위에 쓴 낱말 중 하나를 골라 ◯ 안에 쓰고,
떠오른 이야기를 빈칸에 써 보세요.

제목:

② 추위

   월   일

   요일

 다음 글을 읽어 보세요.

추위

밖에서 눈을 밟았다. 근데 신발에 눈이 들어갔다.
발이 시렸다. 몸도 같이 추웠다.

― 1학년 박세은

수박 볼

바람이 쌩쌩 불고 눈이 오면
너무 추워서 볼이 수박처럼 새빨개진다.

― 2학년 임용재

 '추위' 하면 떠오르는 낱말로 빈칸을 채워 보세요.

 위에 쓴 낱말 중 하나를 골라 ◯ 안에 쓰고,
떠오른 이야기를 빈칸에 써 보세요.

제목:

3 속상했을 때

글쓴날

☐ 월 ☐ 일

☐ 요일

 다음 글을 읽어 보세요.

속상했을 때

2학년 때 내가 일기를 조금 썼을 때 엄마가 혼냈다.
조금밖에 쓸 수 없었는데.
그래서 나는 내 방에 들어가서 종이에다 낙서를 했다.
후련했다.

– 2학년 강재헌

속상하다

속상하다. 다른 엄마들은 다 왔는데 우리 엄마만 없다.
속상하다. 아빠도 없다.

– 1학년 우승민

 '속상했을 때' 하면 떠오르는 낱말로 빈칸을 채워 보세요.

 위에 쓴 낱말 중 하나를 골라 ⬭ 안에 쓰고,
떠오른 이야기를 빈칸에 써 보세요.

제목:

4 공부

글 쓴 날

☐ 월 ☐ 일

☐ 요일

 다음 글을 읽어 보세요.

이 세상이 싫다

나는 이 세상이 싫다. 왜냐하면 학원 공부가 있기 때문이다.
내가 제일 싫어하는 것이 학원 공부이다. 그래서 싫다.
돈도 싫다. 돈은 사람들을 싸우게 만드니까 싫다.

— 2학년 봉세윤

시간

시간을 되돌리고 싶다.
다시 아기가 되면 좋겠다.
아무것도 안 하고
엄마랑 같이 있고,
공부를 안 하고
잘 살 수 있기 때문이다.

— 2학년 김주아

 '공부' 하면 떠오르는 낱말로 빈칸을 채워 보세요.

 위에 쓴 낱말 중 하나를 골라 ◯ 안에 쓰고, 떠오른 이야기를 빈칸에 써 보세요.

제목:

5 보고 싶을 때

글쓴날

☐ 월 ☐ 일

☐ 요일

 다음 글을 읽어 보세요.

보고 싶어요

대추를 보니 우리 할머니 생각이 난다.
할머니와 대추 따던 날이 생각난다.
친구들은 신나고 나는 슬프다.

— 3학년 노은서

출장

오늘은 아빠가 출장을 갔다.
나는 울었다.
아빠는 6월에 온다.
아빠 사진은 별로 없다.
나는 아빠가 보고 싶을 때 아빠 사진을 본다.
너무나 슬프면 핸드폰으로 아빠 사진을 본다.

— 2학년 김수연

 '보고 싶을 때' 하면 떠오르는 낱말로 빈칸을 채워 보세요.

 위에 쓴 낱말 중 하나를 골라 ◯ 안에 쓰고,
떠오른 이야기를 빈칸에 써 보세요.

제목:

6 눈물

글 쓴 날

☐ 월 ☐ 일

☐ 요일

 다음 글을 읽어 보세요.

눈물

내가 1학년 때 친할아버지가 돌아가셨다. 내 앞에서는 아니다. 근데 눈물이 하나도 안 났다. 외할아버지는 우리 엄마가 할머니 배 속에 있을 때 돌아가셨다. 그래도 눈물이 안 났다. 나는 말로만 혼나도 눈물이 나온다.

— 2학년 김지영

울먹거릴 때

울먹거렸다.
예전에 친구들이 놀이를 안 시켜 줬다.
울먹거렸다.
그런데 마음은 대들고 싶었다.

— 2학년 이연서

 '눈물' 하면 떠오르는 낱말로 빈칸을 채워 보세요.

 위에 쓴 낱말 중 하나를 골라 ⬭ 안에 쓰고,
떠오른 이야기를 빈칸에 써 보세요.

제목:

학교 가기 싫은 날

월 일
요일

 다음 글을 읽어 보세요.

좋겠다

달팽이는 좋겠다.
느리게 움직여도
아무도 뭐라고 하지 않으니까.
엄마는 좋겠다.
학교 안 가도 누가 뭐라고 안 하니까.

– 1학년 김다은

선생님, 방학 한 달 추가요

방학이 끝났다. 고깃집에서 고기 추가하듯이 방학 한 달 추가하고 싶다. 선생님, 방학 한 달 추가요.

– 3학년 이찬희

 '학교 가기 싫은 날' 하면 떠오르는 낱말로 빈칸을 채워 보세요.

 위에 쓴 낱말 중 하나를 골라 ◯ 안에 쓰고, 떠오른 이야기를 빈칸에 써 보세요.

제목:

8 다쳤을 때

글쓴날
☐ 월 ☐ 일
☐ 요일

 다음 글을 읽어 보세요.

피

넘어져 다칠 땐 안 아픈데
피를 보면 갑자기 아프다.

― 2학년 유석중

눈 찔린 날

나는 은행잎에 찔려 눈에 안대를 했다.
어이없게 은행잎에 찔려 안대를 하다니.
여기는 캄캄한 어둠 속이다.

― 3학년 은윤수

30

 '다쳤을 때' 하면 떠오르는 낱말로 빈칸을 채워 보세요.

 위에 쓴 낱말 중 하나를 골라 ◯ 안에 쓰고, 떠오른 이야기를 빈칸에 써 보세요.

제목:

⑨ 오줌 마려울 때

글쓴날
☐월 ☐일
☐요일

 다음 글을 읽어 보세요.

바지에 오줌 쌀 뻔

할머니 집에서 학교로 가는 길,
그 순간 오줌이 나올 뻔. 꼬추를 잡고 학교로 간다.
한 걸음 두 걸음 드디어 다 왔다.
1층 화장실에서 시원하게 오줌을 쌌다.

— 3학년 권세영

캠페인 하는 날

캠페인 하고 있는데 갑자기 화장실이 가고 싶어졌어.
안절부절못하고 '몰래 화장실에 갔다 올까?' 생각했는데
애들이 딴 데로 가는 거야. 식은땀 흘리면서 꾹꾹 참았어.
정말 힘들었어. 무지무지.

— 5학년 유재연

 '오줌 마려울 때' 하면 떠오르는 낱말로 빈칸을 채워 보세요.

 위에 쓴 낱말 중 하나를 골라 ◯ 안에 쓰고,
떠오른 이야기를 빈칸에 써 보세요.

제목:

10 말놀이

글쓴날
 월  일
 요일

 다음 글을 읽어 보세요.

말놀이

별은 뭐니?
건빵 안에 있는 별사탕.
세모는 뭐니?
맛있는 삼각 김밥.
네모는 뭐니?
단단한 나무 상자.

— 2학년 전예찬

공룡

안룡? 나는 공룡. 이빨이 멋지지롱. 손톱이 강하지롱. 나이가 많지롱!

— 2학년 전예찬

 '말놀이' 하면 떠오르는 낱말로 빈칸을 채워 보세요.

 위에 쓴 낱말 중 하나를 골라 ◯ 안에 쓰고,
떠오른 이야기를 빈칸에 써 보세요.

제목:

⑪ 상상

글 쓴 날
☐ 월 ☐ 일
☐ 요일

 다음 글을 읽어 보세요.

팥빙수

내가 작아지면 팥빙수 안에 들어가서 맨날맨날 놀 거다.

– 1학년 이훈

이응과 시옷이 사라진다면?

이응이 사라진다면
아주 소중한 엄마, 아빠, 오빠,
이도경이도 못 보게 되고,
아주 편한 의자도 없어지고,
시옷이 사라진다면
세상에서 제일 좋은 "사랑해." 도 없어지고.

– 1학년 이여진

 '상상' 하면 떠오르는 낱말로 빈칸을 채워 보세요.

 위에 쓴 낱말 중 하나를 골라 ⬭ 안에 쓰고,
떠오른 이야기를 빈칸에 써 보세요.

제목:

12 내 방

☐ 월 ☐ 일
☐ 요일

 다음 글을 읽어 보세요.

내 방

혼자 있을 수 있는 방이 없다.
혼자 공부하고 집중을 해서
긴 책도 읽고 혼자 자고 싶다.
내 방에서 친구들이랑 놀고 싶다.
방이 있으면 뭐든 잘할 수 있겠다.

– 3학년 김소희

내 방

오늘 내 방이 생겨서 좋다. 가족이랑 같이 잘 때 동생이 발로 내 얼굴을 찼다. 그래서 내 방이 생겨서 좋다. 엄마.

– 3학년 김민균

 '내 방' 하면 떠오르는 낱말로 빈칸을 채워 보세요.

 위에 쓴 낱말 중 하나를 골라 ◯ 안에 쓰고, 떠오른 이야기를 빈칸에 써 보세요.

제목:

13 빈둥빈둥 쉬고 싶을 때

글쓴날

☐ 월 ☐ 일

☐ 요일

 다음 글을 읽어 보세요.

빈둥빈둥

하루 종일 빈둥빈둥.
밥을 먹은 후에도 빈둥빈둥.
"이수야." 불러도 빈둥빈둥.
계속 빈둥거리면
게으름뱅이 된다 해도
빈둥빈둥.

— 4학년 김이수

하루가 끝났다

하루가 끝났다. 다행이다. 나는 너무 할 일이 많아서 오줌도 못 쌌다. 이제 난 피곤하다.

— 3학년 정현우

 '빈둥빈둥 쉬고 싶을 때' 하면 떠오르는 낱말로 빈칸을 채워 보세요.

 위에 쓴 낱말 중 하나를 골라 ⬭ 안에 쓰고, 떠오른 이야기를 빈칸에 써 보세요.

제목:

14 실내화 주머니

글쓴날
☐ 월 ☐ 일
☐ 요일

 다음 글을 읽어 보세요.

바본가 봐

학교에 가다 무언가 허전했다.
난 바본가 봐.
실내화 가방을 가져왔는데
실내화는 안 가져왔다.
난 바본가 봐.

— 4학년 이나경

이상한 날

학교에 가고 있었는데
실내화 가방에
아빠 양말이 들어가 있었다.
이상했다.

— 2학년 박찬희

 '실내화 주머니' 하면 떠오르는 낱말로 빈칸을 채워 보세요.

 위에 쓴 낱말 중 하나를 골라 ⬬ 안에 쓰고,
떠오른 이야기를 빈칸에 써 보세요.

제목:

15 짜증 나는 날

월 일

요일

 다음 글을 읽어 보세요.

코코아

오늘 코코아를 팔았다.
싱겁다. 달다. 말이 많았다.
나는 정말 짜증 났다.

– 4학년 강한희

치사한 호준

원딱지를 할 때 호준이는
따먹히면 가짜로 했다 그러면서
후다닥 도망갔다. 치사한 호준,
진짜로 한다고 해도 안 믿는다.

– 2학년 권도은

 '짜증 나는 날' 하면 떠오르는 낱말로 빈칸을 채워 보세요.

 위에 쓴 낱말 중 하나를 골라 ◯ 안에 쓰고,
떠오른 이야기를 빈칸에 써 보세요.

제목:

16 일어나기 싫을 때

글쓴날
☐ 월 ☐ 일
☐ 요일

 **다음 글을 읽어 보세요.**

겨울잠

아침에 일어나기 싫은 날 엄마가 하는 말.
"지민, 빨리 일어나!"
나는 말한다.
"나는 겨울잠 자는 중."

— 3학년 오지민

눈 뜨기 싫다

아침이 되면 꼭 들리는 소리.
"띠리링!"
바로 잠의 저승사자 알람이다.
소리가 들리면 눈 뜨기 싫다.

— 4학년 임윤지

 '일어나기 싫을 때' 하면 떠오르는 낱말로 빈칸을 채워 보세요.

 위에 쓴 낱말 중 하나를 골라 ◯ 안에 쓰고,
떠오른 이야기를 빈칸에 써 보세요.

제목:

감기

월 일
요일

 다음 글을 읽어 보세요.

감기

머리가 찡! 온몸이 후끈! 세상이 빙글빙글.
내가 왜 이러지? 병원에 가니 "감기네요."

— 3학년 김길명

감기

감기에 걸리면
기침이 콜록콜록!
감기에 걸리면
목이 따끔따끔!
감기에 걸리면
콧물이 줄줄.

— 5학년 서수필

 '감기' 하면 떠오르는 낱말로 빈칸을 채워 보세요.

 위에 쓴 낱말 중 하나를 골라 ⬭ 안에 쓰고, 떠오른 이야기를 빈칸에 써 보세요.

제목:

18 바지

☐ 월 ☐ 일

☐ 요일

 다음 글을 읽어 보세요.

단추

언제는 내가 집에 도착했을 때
바지가 흘러내렸다.
봤는데 단추가 빠져 있었다.

– 1학년 박서연

바지 때문에

바지가 줄줄 내려온다. 바지 미워.
축구도 바지 잡고 하고, 뛸 때 줄줄줄.
아놔, 내 얼굴에는 썩소가 번진다.
엄마, 바지 좀 제대로 챙겨 주세요.

– 3학년 권도혁

 '바지' 하면 떠오르는 낱말로 빈칸을 채워 보세요.

 위에 쓴 낱말 중 하나를 골라 ◯ 안에 쓰고, 떠오른 이야기를 빈칸에 써 보세요.

제목:

19. 장난감 갖고 싶을 때

글 쓴 날

☐ 월 ☐ 일

☐ 요일

 다음 글을 읽어 보세요.

어린이날

장난감이 기대돼. 심장이 두근두근. 뭘 골라야 할지 몰라 내 머리가 계산 중. 골라도 골라도 또 골라도 고민이 된다. 아, 어린이날은 장난감을 가져도 고민 때문에 내 머리가 어질어질.

– 4학년 권희종

삐지기

나는 장난감을 갖고 싶다.
"엄마, 사 줘." "안 돼."
예상대로 안 된다고 하신다.
내 입은 위로 튀어나오고 눈썹은 구부러졌다.

– 4학년 최은솔

 '장난감 갖고 싶을 때' 하면 떠오르는 낱말로 빈칸을 채워 보세요.

 위에 쓴 낱말 중 하나를 골라 ◯ 안에 쓰고, 떠오른 이야기를 빈칸에 써 보세요.

제목:

20 소리

글쓴날

☐ 월 ☐ 일

☐ 요일

 다음 글을 읽어 보세요.

눈

눈을 밟으면
뿌드드득 뿌드드득,
이 가는 소리가 난다.
소름이 돋는다.

― 5학년 윤송규

산

오늘 산에 갔다.
눈 밟는 소리가 났다.

― 1학년 민경준

 '소리' 하면 떠오르는 낱말로 빈칸을 채워 보세요.

 위에 쓴 낱말 중 하나를 골라 ⬭ 안에 쓰고,
떠오른 이야기를 빈칸에 써 보세요.

제목:

21 로봇 같을 때

글쓴 날

☐ 월 ☐ 일

☐ 요일

 **다음 글을 읽어 보세요.**

모내기

심어! 한 발자국 뒤로! 심어!
이 동작만 한다.
우린 로봇인가 생각한다.

– 4학년 손형주

따라다닌다

엄마랑 아빠는 계속 움직인다.
난 그냥 따라다니는 하인이다.
할머니네 집에 갔다가 마트를 갔는데
다리가 너무 아팠다.

– 4학년 이수성

 '로봇 같을 때' 하면 떠오르는 낱말로 빈칸을 채워 보세요.

 위에 쓴 낱말 중 하나를 골라 ◯ 안에 쓰고,
떠오른 이야기를 빈칸에 써 보세요.

계목:

22 꿈

글 쓴 날
☐ 월 ☐ 일
☐ 요일

 다음 글을 읽어 보세요.

생각해 볼게요

내가 전에 축구 선수가 꿈이라고 했다.
아빠는 검사가 되면 좋겠다고 했다.
난 생각해 본다고 했다.
난 검사가 뭐 하는 건지도 모른다. — 6학년 정재호

나의 꿈

저는 동물을 사랑하고 아끼는 사육사가 되고 싶습니다.
사육사가 되어 동물들하고 사이좋게 지내고 싶고,
야생성이 살아 있는 동물이 좋습니다.
저는 동물이 좋습니다. 그중에서도 독수리가 좋습니다.
독수리 중에서도 흰머리수리가 최고입니다.

— 3학년 김준수

 '꿈' 하면 떠오르는 낱말로 빈칸을 채워 보세요.

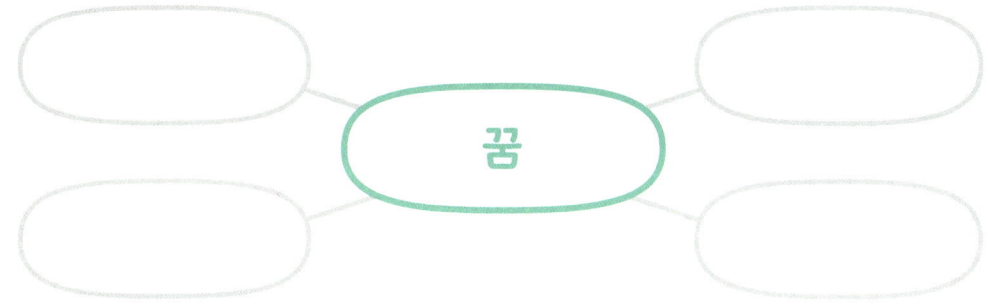

 위에 쓴 낱말 중 하나를 골라 ◯ 안에 쓰고, 떠오른 이야기를 빈칸에 써 보세요.

제목:

23 외모

월 일

요일

 **다음 글을 읽어 보세요.**

외모

나는 완전 못생겼다.
망했다.

− 6학년 박준하

왜 이러지?

나는 좀 말랐다.
살을 찌우려고 많이 먹었다.
배만 나왔다. 에잇.

− 6학년 구광모

 '외모' 하면 떠오르는 낱말로 빈칸을 채워 보세요.

 위에 쓴 낱말 중 하나를 골라 ◯ 안에 쓰고, 떠오른 이야기를 빈칸에 써 보세요.

제목:

24 따뜻해지려면

월   일

요일

 다음 글을 읽어 보세요.

이불

처음에 들어갈 땐 춥지만
들어가서 가만히 있으면 따뜻해진다.
역시 이불 밖은 위험해.

– 6학년 조문경

온풍기

교실이 너무 추워서
온풍기를 세게 틀었다.

 '따뜻해지려면' 하면 떠오르는 낱말로 빈칸을 채워 보세요.

 위에 쓴 낱말 중 하나를 골라 ⬭ 안에 쓰고,
떠오른 이야기를 빈칸에 써 보세요.

제목:

25 이

| 월 | 일 |
| 요일 | |

 **다음 글을 읽어 보세요.**

이빨

내가 일곱 살 때, 큰고모 집에서 이빨을 뺐는데
고모가 너무 빨리 빼서 아픈지 몰랐다.

— 1학년 이제혁

치과

치과에서 이를 두 개 뺐는데
아무 느낌이 안 났다.
두 번째 이는 잃어버렸는데
첫 번째 이는 보관하고 있다.

— 1학년 박정연

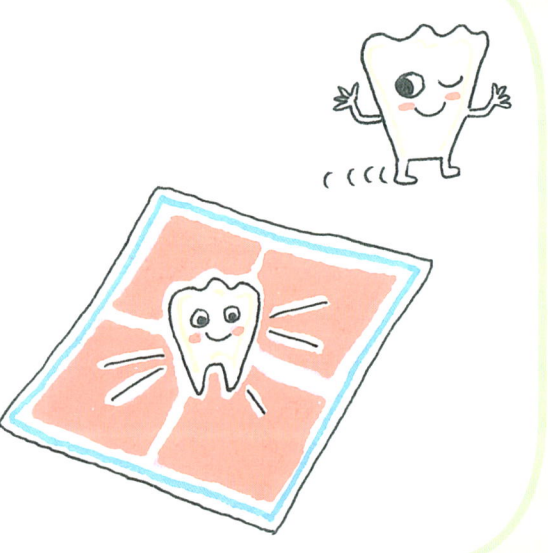

 '이' 하면 떠오르는 낱말로 빈칸을 채워 보세요.

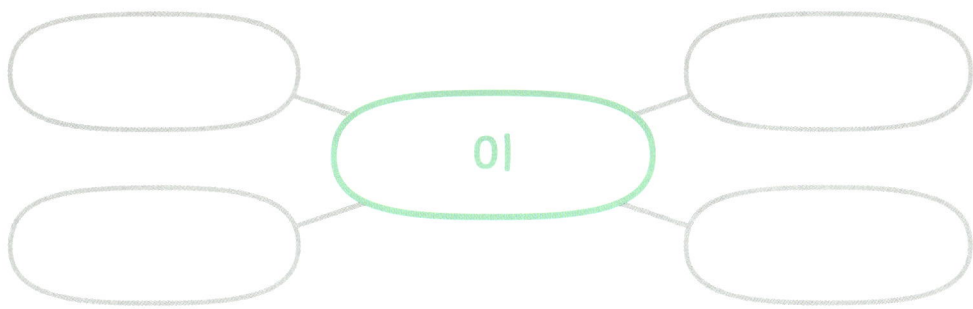

 위에 쓴 낱말 중 하나를 골라 ⬭ 안에 쓰고,
떠오른 이야기를 빈칸에 써 보세요.

제목:

1 방귀

글쓴날

☐ 월 ☐ 일

☐ 요일

 다음 글을 읽어 보세요.

방귀 소리

아빠 방귀 마술 방귀,
엄마 방귀 거대 방귀,
내 방귀 고양이 방귀.

— 1학년 곽민서

방귀

아빠 방귀 뿌우우웅 기차 방귀,
동생 방귀 뿡뿡뿡뿡 회오리 방귀.

— 1학년 김도현

 '방귀' 하면 떠오르는 낱말로 빈칸을 채워 보세요.

 위에 쓴 낱말 중 하나를 골라 ◯ 안에 쓰고,
떠오른 이야기를 빈칸에 써 보세요.

제목:

❷ 동생

글쓴날

☐ 월 ☐ 일

☐ 요일

 **다음 글을 읽어 보세요.**

동생

내 동생은 코딱지를 판다. 더럽다고 해도 자꾸 판다.
언제는 코딱지를 먹었다. 아이고, 못 말려.

– 2학년 최승연

내 동생 고집

내 동생은 고집이 세다.
내 일기장도 달라고 하고,
내 공책의 스티커도 달라고 한다.
안 주면 엉엉 울면서 엄마께 이른다.
나는 동생이 고집부릴 때가 싫다.

– 1학년 김규리

 '동생' 하면 떠오르는 낱말로 빈칸을 채워 보세요.

 위에 쓴 낱말 중 하나를 골라 ◯ 안에 쓰고, 떠오른 이야기를 빈칸에 써 보세요.

제목:

3 엄마

글 쓴 날

☐ 월 ☐ 일

☐ 요일

 다음 글을 읽어 보세요.

개똥

내가 개똥을 밟아서
신발에서 냄새가 엄청 났다.
근데 엄마가 신발을 빨아 줬다.
그래서 신발이 깨끗해졌다.

– 1학년 이제혁

우리 엄마

우리 엄마는 잠자기 전에
꼭 체조를 하고 잔다.

– 1학년 박서연

 '엄마' 하면 떠오르는 낱말로 빈칸을 채워 보세요.

 위에 쓴 낱말 중 하나를 골라 ⬭ 안에 쓰고,
떠오른 이야기를 빈칸에 써 보세요.

제목:

4 부모님 싸움

글쓴날

☐ 월 ☐ 일
☐ 요일

 다음 글을 읽어 보세요.

말싸움

우리 엄마 아빠가 말싸움을 할 때 시끄러울 때도 있고
안 시끄러울 때도 있다. 그리고 우리 엄마는 시현이랑
싸움하지 말라고 하는데 지금은 안 그런다.
그리고 엄마 아빠가 싸울 때 싸움이 끝나면
엄마는 꼭 나랑 시현이를 안아 준다.

— 1학년 박시우

아빠 엄마 싸우지 마세요

어느 날, 아빠와 엄마가 싸웠다.
엄마가 먼저 돈 얘기를 했다.
그래서 싸웠다. 나는 울었다. 동생도 울었다.

— 1학년 황민석

 '부모님 싸움' 하면 떠오르는 낱말로 빈칸을 채워 보세요.

 위에 쓴 낱말 중 하나를 골라 ⬭ 안에 쓰고, 떠오른 이야기를 빈칸에 써 보세요.

제목:

5 형, 오빠

글쓴날

월 일

요일

 다음 글을 읽어 보세요.

형들

축구를 잘했다고 형들이 상을 주었다.
'1학년인데도 끝까지 수비를 잘한 상'
사탕을 선물로 받았다.
형들이 좋다.

– 1학년 이재우

형아

형아가 없으면 좋다.
형아가 한 시간만 없으면.

– 2학년 정시우

 '형, 오빠' 하면 떠오르는 낱말로 빈칸을 채워 보세요.

 위에 쓴 낱말 중 하나를 골라 ⬭ 안에 쓰고, 떠오른 이야기를 빈칸에 써 보세요.

제목:

6 누나, 언니

□ 월 □ 일

□ 요일

 다음 글을 읽어 보세요.

우리 누나

한 번도 빠짐없이 하는 소리.
"나는 어떻냐?"라고.

– 2학년 김찬영

우리 언니

언니는 열다섯 살이다.
언니랑 매일 싸워서
엄마한테 이르면
엄마가 언니 혼내 준다.
기분이 좋다.

– 1학년 정하영

 '누나, 언니' 하면 떠오르는 낱말로 빈칸을 채워 보세요.

 위에 쓴 낱말 중 하나를 골라 ⬭ 안에 쓰고, 떠오른 이야기를 빈칸에 써 보세요.

제목:

할머니

□월 □일

□요일

 다음 글을 읽어 보세요.

할머니의 실수

우리 할머니가 방과후 신청서에 우유를 신청한다고 써서 창피했다. 재원이가 할머니를 바보라고 했다.
할머니가 안 했으면 좋겠다.

— 1학년 최서경

할머니 엉덩이에 들어갔다

어제 할머니가 옆으로 누울 때 내가 할머니의 엉덩이에 들어갔다. 엉덩이 구경했다. 할머니가 방귀 뀐다고 거짓말했다.

— 1학년 최현우

 '할머니' 하면 떠오르는 낱말로 빈칸을 채워 보세요.

 위에 쓴 낱말 중 하나를 골라 ⬭ 안에 쓰고, 떠오른 이야기를 빈칸에 써 보세요.

제목:

⑧ 텔레비전

글쓴날
☐월 ☐일
☐요일

다음 글을 읽어 보세요.

텔레비전 많이 봐서 그래

엄마는 내가 배가 아파도
"텔레비전 많이 봐서 그래!"
머리가 아파도 "텔레비전 많이 봐서 그래!"
손가락이 아파도 "텔레비전 많이 봐서 그래!"
텔레비전 본 다음에 아픈 것 다 텔레비전 부작용인가 보다.

― 2학년 원진영

드라마

밤에 10시 드라마 보고 싶은데 엄마가 못 보게 한다.
〈기황후〉 보고 싶다. 아빠는 우리가 자러 가면 바로 본다.
나도 보게 해 주면 좋겠다.

― 1학년 김연진

 '텔레비전' 하면 떠오르는 낱말로 빈칸을 채워 보세요.

 위에 쓴 낱말 중 하나를 골라 ⬭ 안에 쓰고,
떠오른 이야기를 빈칸에 써 보세요.

제목:

9 아빠와 놀이

글쓴날
☐ 월 ☐ 일
☐ 요일

 다음 글을 읽어 보세요.

아빠의 김밥말이

김밤 김밥 돌돌 말아 김밥.
아빠의 김밥말이 재료는 나, 동생, 이불.
나와 동생을 이불에 넣고 돌돌 말면
아빠의 김밥말이 완성!

— 1학년 정성연

땅강아지

나는 아빠와 같이 밭일을 하고 있었다.
근데 아빠가 땅을 파다가 땅강아지를 찾았다.
쓰다듬어 주고 같이 놀았다.

— 1학년 김민준

84

 '아빠와 놀이' 하면 떠오르는 낱말로 빈칸을 채워 보세요.

 위에 쓴 낱말 중 하나를 골라 ◯ 안에 쓰고, 떠오른 이야기를 빈칸에 써 보세요.

제목:

집

다음 글을 읽어 보세요.

우리 집

우리 집은 숲속에 있다. 여름이면 모기가 많다.
개망초 꽃도 많다. 같이 놀 친구는 없다.

– 3학년 김장희

집

집에 가면 엄마가 있다.
그리고 동생과 누나가 있다.
집은 좋은 거다.

– 2학년 이윤호

 '집' 하면 떠오르는 낱말로 빈칸을 채워 보세요.

 위에 쓴 낱말 중 하나를 골라 ⬭ 안에 쓰고, 떠오른 이야기를 빈칸에 써 보세요.

제목:

아빠의 코골이와 술

글쓴 날

☐ 월 ☐ 일

☐ 요일

 다음 글을 읽어 보세요.

아빠의 코골이

엄마는 아빠가 코를 골아서
잠을 못 잔다고 했다.
아빠 코 고는 소리는 대포 소리다.

– 1학년 박창균

술

아빠가 늦게 들어온다. 혼자 먹는 저녁 식사에는 항상 술.
아빠 입에는 술 냄새가 술술 난다. 정신은 오락가락.
하는 말은 대부분 "어."

– 3학년 김성민

 '아빠의 코골이와 술' 하면 떠오르는 낱말로 빈칸을 채워 보세요.

 위에 쓴 낱말 중 하나를 골라 ◯ 안에 쓰고, 떠오른 이야기를 빈칸에 써 보세요.

제목:

12 엄마, 아빠와 추억

글쓴날

☐ 월 ☐ 일

☐ 요일

 다음 글을 읽어 보세요.

바람

밤만 되면 아버지와 바람을 쐬러 간다.
아파트에서 가만히 있으면 더워 바람 쐬고,
집에 들어오면 너무 더워 목욕을 한다.
바람 많이 쐬면 추워서
아버지 주머니에 손을 넣는다.

– 2학년 이민정

새벽에

5월 달은 새벽에 자꾸 깨요. 그래서 오다가 코피 터졌어요.
자려는데 눈이 떠져요. 그래서 엄마랑 같이 자요.

– 1학년 방태원

 '엄마, 아빠와 추억' 하면 떠오르는 낱말로 빈칸을 채워 보세요.

 위에 쓴 낱말 중 하나를 골라 ◯ 안에 쓰고, 떠오른 이야기를 빈칸에 써 보세요.

계목:

13 잔소리

글 쓴 날

☐ 월 ☐ 일

☐ 요일

 다음 글을 읽어 보세요.

진정한 여덟 살

심부름하고 와. 신발장 정리해. 오줌 싸면 안 돼. 혼자 목욕해. 방 정리해. 자신 있게 말해. 선생님 말 잘 듣고 친구들과 사이좋게 지내고. 치, 엄마 잔소리네.

— 1학년 영화초 아이들

지금이 딱 좋아

우리 부모님은 나에게 말하신다.
"다 컸으니까 이거 해야지."
"다 컸으니까 혼자서 할 수 있지?"
아니 아니, 난 절대로 다 크지 않았어.
더 크고 싶지 않다. 지금이 딱 좋아.

— 5학년 오민정

 '잔소리' 하면 떠오르는 낱말로 빈칸을 채워 보세요.

 위에 쓴 낱말 중 하나를 골라 ⬭ 안에 쓰고, 떠오른 이야기를 빈칸에 써 보세요.

제목:

14 말

월 일
요일

 **다음 글을 읽어 보세요.**

말

엄마한테 혼날 때, 엄마는 엄마가 할 말만 한다.
나는 말도 못 하고 울기만 한다.

— 3학년 이희주

할머니의 말

할머니, 핸드폰 사 주세요. 6학년 졸업 때 사 준다고
했잖아. 아아아, 지금 사 주세요! 안 된다니까!
할머니는 아예 핸드폰은 꿈도 꾸지 못하게 한다.

— 5학년 이민아

 '말' 하면 떠오르는 낱말로 빈칸을 채워 보세요.

 위에 쓴 낱말 중 하나를 골라 ⬭ 안에 쓰고, 떠오른 이야기를 빈칸에 써 보세요.

제목:

15 목욕

글쓴날

☐ 월 ☐ 일

☐ 요일

 **다음 글을 읽어 보세요.**

물

나는 어제 놀고 들어와서
따뜻한 물로 목욕을 했다.

– 3학년 박서준

때리면 나오나!

아빠가 때를 밀어 준다.
움직이면 때린다.
울면 더 때린다.
왜 때리지! 때리면 더 잘 나오나?

– 4학년 송민기

 '목욕' 하면 떠오르는 낱말로 빈칸을 채워 보세요.

 위에 쓴 낱말 중 하나를 골라 ⬭ 안에 쓰고, 떠오른 이야기를 빈칸에 써 보세요.

제목:

16 친구가 없을 때

글쓴 날

☐ 월 ☐ 일

☐ 요일

 다음 글을 읽어 보세요.

언제나 외롭다

방과후를 마치고 집으로 오면
늘 집엔 아무도 없다.
나 혼자 집에 있을 땐
햄스터를 만진다.

— 5학년 김태준

친구가 없던 날

희건이랑 자전거를 타고 친구를 찾으러 나간다.
마을을 돌아다녀도 친구는 한 명도 보이지 않는다.
나는 배고파 초콜릿을 먹는다. 이상하게 맛이 별로 없다.

— 5학년 심민종

 '친구가 없을 때' 하면 떠오르는 낱말로 빈칸을 채워 보세요.

 위에 쓴 낱말 중 하나를 골라 ◯ 안에 쓰고, 떠오른 이야기를 빈칸에 써 보세요.

제목:

17 부모님과 닮은 점

글 쓴 날

☐ 월 ☐ 일

☐ 요일

 다음 글을 읽어 보세요.

덧니

나는 왜 이렇게 덧니가 많지?
아빠 이를 보았다.
유전이구나.

– 6학년 김호연

음식

아빠랑 닮은 게 별로 없는데
한 가지는 있다.
아빠랑 내가 좋아하는 음식이 똑같다.
아빠가 오징어 먹는데
내가 빼앗아 먹은 적이 있다.

– 1학년 김유빈

 '부모님과 닮은 점' 하면 떠오르는 낱말로 빈칸을 채워 보세요.

 위에 쓴 낱말 중 하나를 골라 ◯ 안에 쓰고, 떠오른 이야기를 빈칸에 써 보세요.

제목:

18 용돈

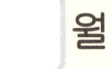 월  일

 요일

 다음 글을 읽어 보세요.

추석 용돈

추석이라서 어른들에게 용돈을 받았다. 차를 타고
우리 가족만 있을 때, 엄마가 내 추석 용돈을 가져갔다.

― 6학년 정하은

덥다 폭염

너무 덥다.
선풍기는 있지만 에어컨이 없다.
빨리 1년이 지나가면 좋겠다.
"엄마, 내 돈 40만 원 줄 테니까
사자, 에어컨!"

― 2학년 김관형

 '용돈' 하면 떠오르는 낱말로 빈칸을 채워 보세요.

 위에 쓴 낱말 중 하나를 골라 ⬭ 안에 쓰고, 떠오른 이야기를 빈칸에 써 보세요.

제목:

19. 추위를 이겨 내는 법

글쓴 날
☐ 월 ☐ 일
☐ 요일

 다음 글을 읽어 보세요.

겨울

겨울엔 전기장판 깔고
귤을 까먹으면서
텔레비전을 끼고
강아지랑 노는 게 최고다.

— 3학년 박건희

추위

일어나 보니 엄마가 춥다고 했다. 옷을 단단히 입었다.
엄마 말대로 좀 쌀쌀했다. 다음부턴 아까처럼 입어야겠다.

— 1학년 차상기

 '추위를 이겨 내는 법' 하면 떠오르는 낱말로 빈칸을 채워 보세요.

 위에 쓴 낱말 중 하나를 골라 ◯ 안에 쓰고, 떠오른 이야기를 빈칸에 써 보세요.

제목:

20 집에 혼자 있을 때

월 일
요일

 다음 글을 읽어 보세요.

무섭다

분명 집에는 나 혼자밖에 없는데 부스럭부스럭 소리가 들린다. 그럴 때마다 나는 조용히 방문을 잠근다.

— 6학년 김우종

혼자 있는 날

학교가 끝나고 집에 왔다. 집에는 아무도 없다.
거실에서는 딱딱딱 시계 소리만 나고
화장실에 가면 똑딱똑딱.
심심해서 학교에 갔더니 딩동댕 딩동댕.
방에서는 째깍째깍 소리만 난다.
혼자 있는 날은 시계 소리밖에 안 들리는 것 같다.

— 6학년 임동민

 '집에 혼자 있을 때' 하면 떠오르는 낱말로 빈칸을 채워 보세요.

 위에 쓴 낱말 중 하나를 골라 ⬭ 안에 쓰고, 떠오른 이야기를 빈칸에 써 보세요.

제목:

3. 학교

글감은 재료·제목은 나만의 느낌

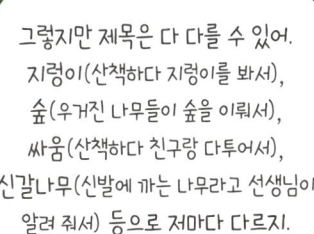

1 별명

글 쓴 날
☐ 월 ☐ 일
☐ 요일

 다음 글을 읽어 보세요.

별명

우리 반 선생님 별명 빛나리.
황영동 선생님 별명 외계인.
다른 선생님 별명은 뭘까?

– 1학년 김동은

그렇게 부르지 마

너 자꾸 왕새우라고 부르면
나는 깡통칩이라고 부른다.

– 1학년 박시우

 '별명' 하면 떠오르는 낱말로 빈칸을 채워 보세요.

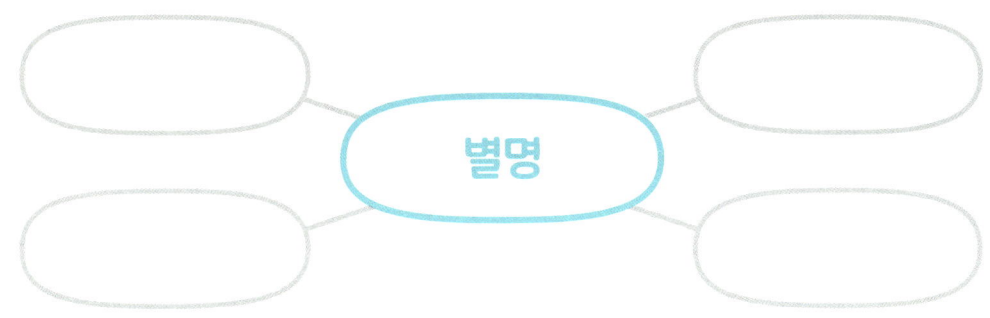

 위에 쓴 낱말 중 하나를 골라 ◯ 안에 쓰고, 떠오른 이야기를 빈칸에 써 보세요.

제목:

② 친구

월 일
요일

 다음 글을 읽어 보세요.

말로 해 줘

희주야, 나 때리지 마.
네가 때리는데 나는 왜 맞는지 모르겠다.
웃으면서 친절하게 말해 줘.
때리면 못 알아들어도
말로 하면 알아들을 수 있어.

— 3학년 반진환

환희

환희는 앞머리가 예뻐.
앞머리가 나란히 아주 예뻐.

— 2학년 신보경

 '친구' 하면 떠오르는 낱말로 빈칸을 채워 보세요.

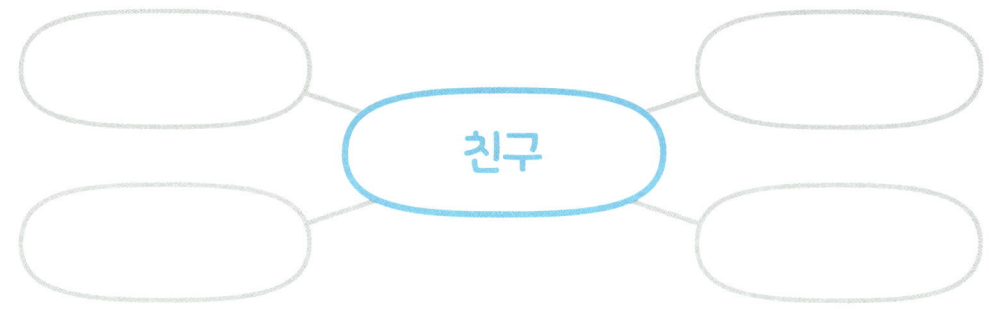

 위에 쓴 낱말 중 하나를 골라 ◯ 안에 쓰고, 떠오른 이야기를 빈칸에 써 보세요.

제목:

③ 놀이

글쓴날

☐ 월 ☐ 일

☐ 요일

 **다음 글을 읽어 보세요.**

그네 타기

그네 타면 재밌지.
아빠가 밀어 주면 더 재밌지.
세게 밀면 무섭지.

– 1학년 박세운

달리기

하나 둘 셋 땅.
땅 하는 소리에 심장이 쿵쾅쿵쾅.
달려라 달려라 귓가에 맴도는 소리.
숨 바쁘게 달리기하다 보니 어느새 다 와 버렸어요.

– 2학년 김은서

 '놀이' 하면 떠오르는 낱말로 빈칸을 채워 보세요.

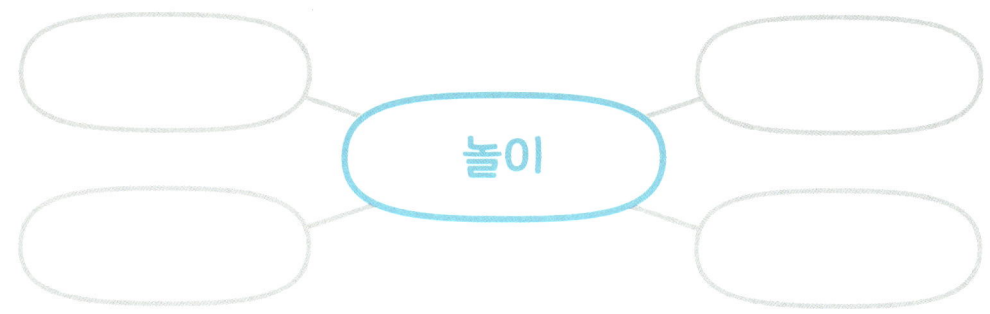

 위에 쓴 낱말 중 하나를 골라 ◯ 안에 쓰고, 떠오른 이야기를 빈칸에 써 보세요.

제목:

4 짝꿍

글 쓴 날
☐ 월 ☐ 일
☐ 요일

 다음 글을 읽어 보세요.

내 짝꿍

내 짝꿍은 참 재미있다.
천 미터 달리기할 때 한 바퀴 돌고
"야, 벌써 두 바퀴째인데." 한다.
정민호는 참 좋은 쪽으로 생각한다.

- 5학년 이조은

내 친구

내 친구는 2학년인데 생일이 빨라서 3학년.

- 2학년 장하영

 '짝꿍' 하면 떠오르는 낱말로 빈칸을 채워 보세요.

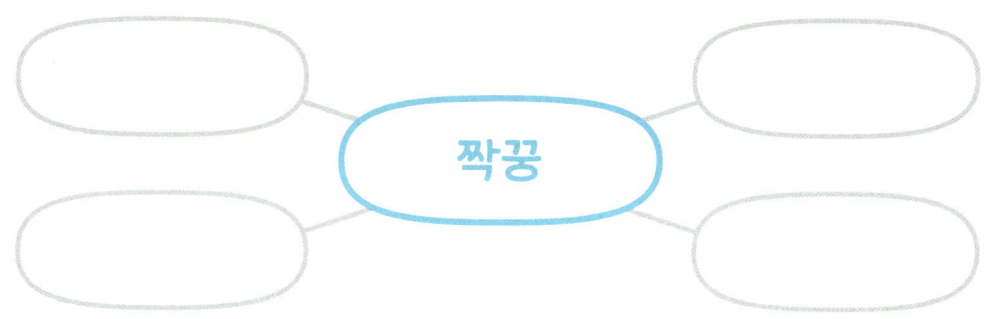

 위에 쓴 낱말 중 하나를 골라 ◯ 안에 쓰고,
떠오른 이야기를 빈칸에 써 보세요.

제목:

받아쓰기

☐ 월 ☐ 일
☐ 요일

 다음 글을 읽어 보세요.

받아쓰기

받아쓰기 69점을 받아 기분이 좋다. 처음이다.
생각을 잘해서 그렇게 되었다. 앞으로 엄청 많이 잘할 거다.
그런데 못할 수도 있다.

— 1학년 정형수

맞힐 수 있었는데

'연필이 짧아요.'를 맞힐 수 있었는데
틀렸다. 짜증 난다.
'아빠를 닮았습니다.' 도 맞힐 수 있었는데
틀렸다. 왜 틀렸는지 모르겠다.
집에서 세 번씩 쓰고 연습했는데.

— 1학년 조한그루

 '받아쓰기' 하면 떠오르는 낱말로 빈칸을 채워 보세요.

 위에 쓴 낱말 중 하나를 골라 ⬭ 안에 쓰고, 떠오른 이야기를 빈칸에 써 보세요.

제목:

6 병원

글쓴날

☐ 월 ☐ 일

☐ 요일

 다음 글을 읽어 보세요.

장염

장염으로 입원했다.
참 힘들다.
엄마, 아빠가 먹는
맛있는 음식 먹고 싶다.

- 2학년 양호찬

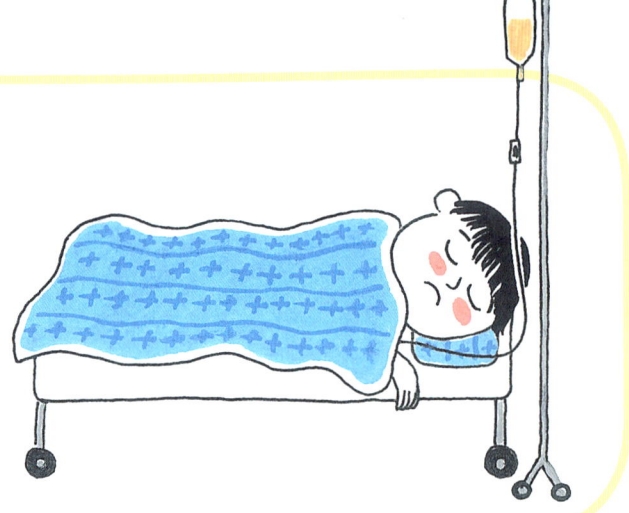

무서운 건강 검진

무서웠어요. 안 하려고 도망갔어요. 다시 했어요.
1학년 못 다닐까 봐 다시 했어요.
연지보다 내가 먼저 했어요.
해 보니까 재미있어요.

- 1학년 박주영

 '병원' 하면 떠오르는 낱말로 빈칸을 채워 보세요.

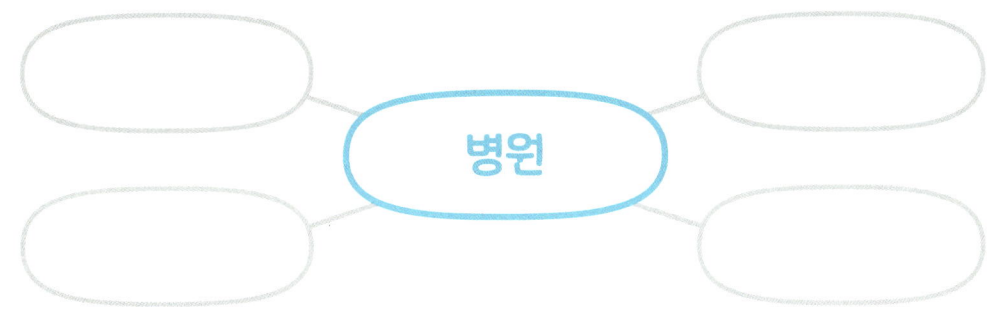

 위에 쓴 낱말 중 하나를 골라 ⬭ 안에 쓰고, 떠오른 이야기를 빈칸에 써 보세요.

제목:

화장실

□월 □일
□요일

 다음 글을 읽어 보세요.

화장실

화장실에 가서 문을 잠그고
나가려고 하는데 문이 열리지 않을 때가
진짜 진짜 무섭다. 자꾸 생각이 난다.
거기서 영원히 살 것 같다.

— 3학년 김지아

화장실

나와 내 친구는 지우개를 빨러 화장실에 갔다.
나는 비누로 깨끗이 빨았다. 그때 누가 불을 껐다.
나는 '어떤 놈이야!'라고 말하려고 하다가 나가 보았더니
1반 선생님이다.

— 5학년 차이찬

 '화장실' 하면 떠오르는 낱말로 빈칸을 채워 보세요.

 위에 쓴 낱말 중 하나를 골라 ◯ 안에 쓰고,
떠오른 이야기를 빈칸에 써 보세요.

제목:

⑧ 비밀

글쓴날

☐ 월 ☐ 일

☐ 요일

 다음 글을 읽어 보세요.

윤예준의 비밀

나는 리코더 할 때 윤예준의 팬티를 봤다.
윤예준의 팬티는 노란색이었다. 그리고 야했다.

– 1학년 반지윤

선욱이

나는 선욱이를 좋아한다.
왜냐하면 선욱이는
귀엽기 때문이다.
곤충 잡을 때
선욱이가 잘 잡아서 좋다.
잡아서 나에게 주니까 좋다.

– 1학년 윤예준

 '비밀' 하면 떠오르는 낱말로 빈칸을 채워 보세요.

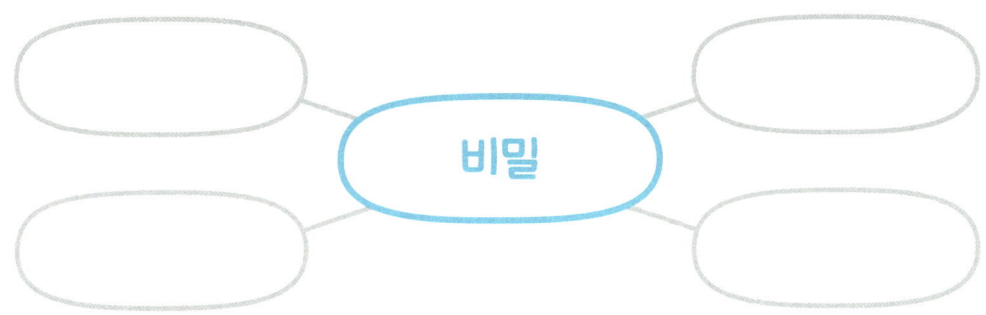

 위에 쓴 낱말 중 하나를 골라 ◯ 안에 쓰고,
떠오른 이야기를 빈칸에 써 보세요.

제목:

9 딱지

글 쓴 날
☐ 월 ☐ 일
☐ 요일

 **다음 글을 읽어 보세요.**

딱지는 어려워

내가 언니들이랑 딱지 뜨자고 할 때 나만 따먹힌다.
딱지만 하면 손만 아프다. 마음도 아프다.

― 2학년 박태은

딱지치기

세게 확! 치니까 딱! 뒤집어졌다.
약하게 쳐도 딱! 뒤집어졌다.
내가 이겼다.
딱! 딱! 뒤집어져서
딱지치기인가 보다.

― 2학년 송중기

 '딱지' 하면 떠오르는 낱말로 빈칸을 채워 보세요.

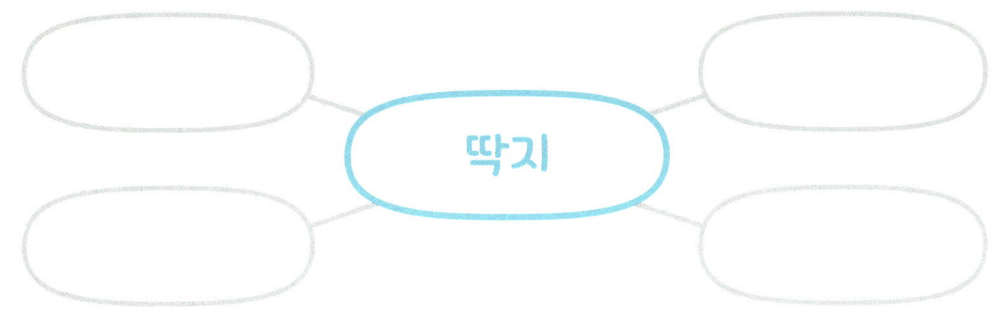

 위에 쓴 낱말 중 하나를 골라 ⬭ 안에 쓰고, 떠오른 이야기를 빈칸에 써 보세요.

제목:

짝 바꾸기

글쓴날

☐ 월 ☐ 일

☐ 요일

 다음 글을 읽어 보세요.

짝꿍 바꾸기

내 짝은 선환이다.
내 자리는
마음에 들지만
짝은 마음에 들지 않는다.
장난꾸러기 같다.
그래도 한 달 동안까지는
괜찮다.

– 2학년 이세은

자리 바꾼 후

자리를 바꾸었다. 앞은 이귀예, 뒤는 김나희, 짝은 홍민주.
이번 달도 맞으며 산다.

– 5학년 김재영

 '짝 바꾸기' 하면 떠오르는 낱말로 빈칸을 채워 보세요.

 위에 쓴 낱말 중 하나를 골라 ⬭ 안에 쓰고, 떠오른 이야기를 빈칸에 써 보세요.

제목:

11 공개 수업

글 쓴 날

☐ 월 ☐ 일

☐ 요일

 다음 글을 읽어 보세요.

오지 마세요

공개 수업을 하는데 선생님들이 많이 왔다.
모르는 선생님이 많아서 공개 수업은 나한테 너무 안 맞다.

— 2학년 김민규

공개 수업 하는 날

엄마가 오면 웃음이 자꾸 나요.
부모님이 오시니 심장이 두근두근,
머리에 들어 있는 게 다 없어진 것 같아요.
수업하고 엄마랑 놀고 싶어요.

— 1학년 범서초 아이들

 '공개 수업' 하면 떠오르는 낱말로 빈칸을 채워 보세요.

 위에 쓴 낱말 중 하나를 골라 ⬭ 안에 쓰고,
떠오른 이야기를 빈칸에 써 보세요.

제목:

개학

글 쓴 날

☐ 월 ☐ 일

☐ 요일

 다음 글을 읽어 보세요.

딱 하루만 더 쉬고 싶다

2일 동안 놀다 학교에 가야 한다.
아무리 가기 싫어도 가야 한다.
꾀병 부리고 아픈 척하고
우겨 대도 버텨도 소용이 없다.
배우려면 학교에 가야 하는데
딱 하루만 더 쉬고 싶다.

– 3학년 김명진

죽겠다

오늘은 개학식, 밥을 못 먹어서 배고파 죽겠다.

– 2학년 엄소은

 '개학' 하면 떠오르는 낱말로 빈칸을 채워 보세요.

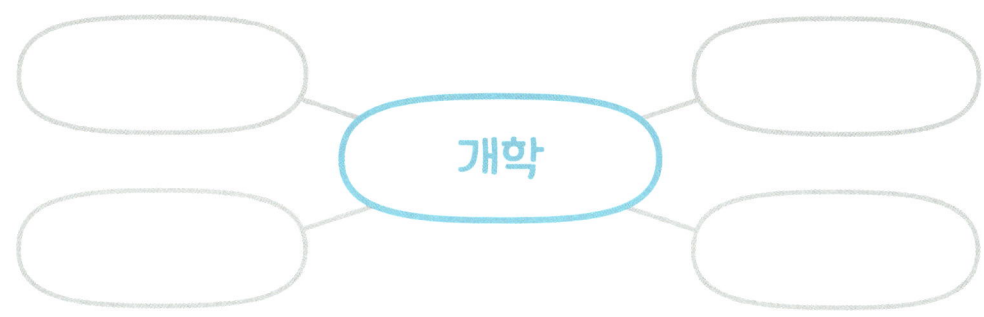

 위에 쓴 낱말 중 하나를 골라 ⬭ 안에 쓰고,
떠오른 이야기를 빈칸에 써 보세요.

제목:

13. 학교에서 어렵거나 싫은 일

글쓴날
☐ 월 ☐ 일
☐ 요일

 다음 글을 읽어 보세요.

학교 우유

학교 우유는 정말 싫어.
끊고 싶은데 안 끊어 줘. 숨어서 안 먹고 싶어.
내가 끊고 싶은데 어떻게 끊는 줄 몰라.
끊는 방법을 알고 싶어. 학교 우유는 정말 싫어.

— 1학년 정시우

학교 야영

운동장에 텐트를 쳤다.
쪄 죽을 것 같았다.
땀이 철철 났다.
수박을 먹고 싶었다.

— 1학년 주해찬

 '학교에서 어렵거나 싫은 일' 하면 떠오르는 낱말로 빈칸을 채워 보세요.

 위에 쓴 낱말 중 하나를 골라 ⬯ 안에 쓰고, 떠오른 이야기를 빈칸에 써 보세요.

제목:

14 역할극

글쓴날

☐ 월 ☐ 일

☐ 요일

 다음 글을 읽어 보세요.

역할극

역할을 정했다. 가위바위보!
나는 카메라맨,
예찬이는 기상 캐스터,
윤아는 모니터,
시작했다.
나는 예찬이를 찍었다.

— 2학년 황승민

연극

연극을 하면 긴장된다. 틀리거나 재미가 없으면 어떡하지?
연극할 때는 다른 친구들도 긴장될 것이다.

— 4학년 한지성

 '역할극' 하면 떠오르는 낱말로 빈칸을 채워 보세요.

 위에 쓴 낱말 중 하나를 골라 ◯ 안에 쓰고,
떠오른 이야기를 빈칸에 써 보세요.

제목:

싸움

글쓴날

☐ 월 ☐ 일

☐ 요일

 다음 글을 읽어 보세요.

싸움

권강인과 김민수가
짐승같이 싸워 댄다.
사람은 사람처럼 싸워야지 사나운 늑대 같다. 친했던
애들이 왜 저럴까? 친했던 애들이 무슨 일 때문에 그럴까?
나는 참 궁금하다.

— 4학년 송자영

싸움한 날

친구와 학교에서 싸운 날, 친구가 엄마한테 전화한다고
한다. 나는 약속이 있다며 집으로 도망간다.
그런 내가 너무 야비하다.
싸움한 날 친구가 하는 말은 "너, 내일 엄마 부른다."

— 4학년 김현승

 '싸움' 하면 떠오르는 낱말로 빈칸을 채워 보세요.

 위에 쓴 낱말 중 하나를 골라 ◯ 안에 쓰고, 떠오른 이야기를 빈칸에 써 보세요.

제목:

16 급식

글쓴날

☐ 월 ☐ 일

☐ 요일

 다음 글을 읽어 보세요.

급식 노래

급식 시간이 다가오네. 내가 싫어하는 거 나오게 생겼네.
너무 맛없어 이걸 어떡해. 다 먹었는데 호박만 남았네.
어떻게 하지? 조금만 먹어도 왜 왝이 나올까? 어떡하지?
아직도 다섯 개나 남았네. 한 개를 먹어도 네 개가 남네.
두 개를 먹어도 한 개가 남네. 한 개 먹으니까 맛없다.
정리를 해야겠다. 정말 맛없다. 만약에 또 나오면 끝장이다.

- 1학년 이유진

채소가 싫어!

안녕! 나는 지효야. 오늘은 또 급식에 채소가 나온대.
아! 진짜 오늘부터 종업식까지 다 채소가 나온대.
아 참! 난 당근, 고구마, 감자는 채소가 아니라고 생각해.

- 2학년 유지효

 '급식' 하면 떠오르는 낱말로 빈칸을 채워 보세요.

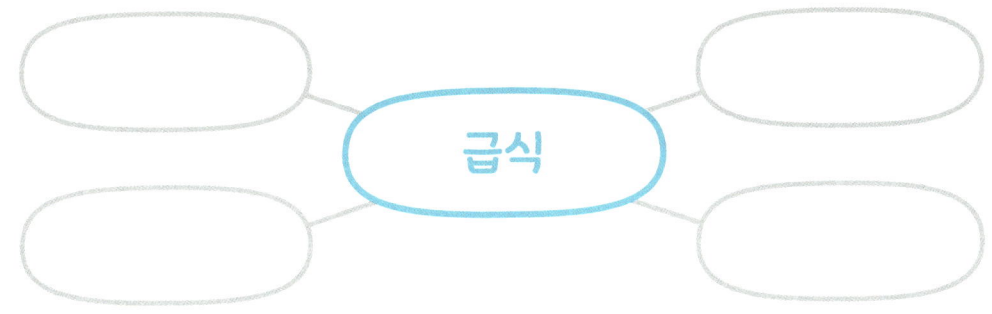

 위에 쓴 낱말 중 하나를 골라 ◯ 안에 쓰고, 떠오른 이야기를 빈칸에 써 보세요.

제목:

숙제

글 쓴 날

☐ 월 ☐ 일

☐ 요일

 다음 글을 읽어 보세요.

엄마는 좋아하고 나는 싫어한다

엄마는 숙제를 좋아하고 나는 숙제를 싫어한다.

― 1학년 최선우

숙제

태권도 학원 가도 숙제. 영어 학원 가도 숙제.
수학 학원 가도 숙제. 숙제는 참 빠져나갈 수 없는 미로 같다.

― 3학년 김주환

 '숙제' 하면 떠오르는 낱말로 빈칸을 채워 보세요.

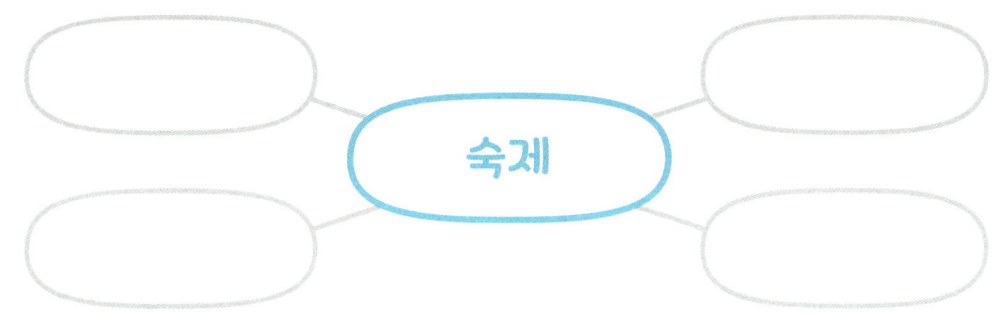

 위에 쓴 낱말 중 하나를 골라 ◯ 안에 쓰고,
떠오른 이야기를 빈칸에 써 보세요.

제목:

18 운동장

글쓴날

월 　 일
　 요일

 다음 글을 읽어 보세요.

운동장 진흙

질퍽질퍽 발이 흙에 쑥쑥 들어간다.
친하게 놀자고 흙이 내 발을 잡아당긴다.

– 1학년 서혜진

놀이터

놀이터에서 놀 때 친구들이 하나둘 나온다. 그네, 시소,
미끄럼틀은 혼자 탈 때보다 친구와 함께 타면 즐겁다.

– 2학년 최민우

 '운동장' 하면 떠오르는 낱말로 빈칸을 채워 보세요.

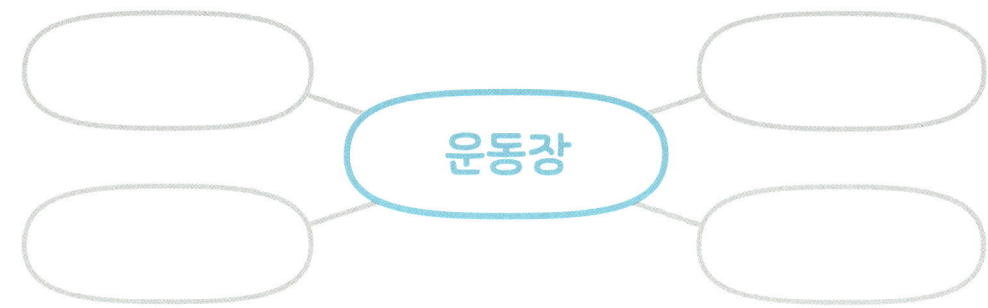

 위에 쓴 낱말 중 하나를 골라 ⬭ 안에 쓰고, 떠오른 이야기를 빈칸에 써 보세요.

제목:

19 오카리나

글쓴날

☐ 월 ☐ 일

☐ 요일

 다음 글을 읽어 보세요.

오카리나

도레미파솔라시도 오카리나를 부는 순간,
도 소리가 나고 노래가 만들어진다.

— 1학년 이승우

오카리나

선생님이 오카리나를 가르쳐 주셨다. 친구들과 불어 보기로 했다. 틀릴까 봐 조마조마했다.

— 1학년 권규희

 '오카리나' 하면 떠오르는 낱말로 빈칸을 채워 보세요.

 위에 쓴 낱말 중 하나를 골라 ⬭ 안에 쓰고, 떠오른 이야기를 빈칸에 써 보세요.

제목:

교실

글 쓴 날
☐ 월 ☐ 일
☐ 요일

 다음 글을 읽어 보세요.

에어컨

체육 끝나고 교실에 들어오면
시원한 에어컨 바람,
마치 남극에 있는 것처럼.

— 4학년 한주영

안개

학교 교문에서 보면 우리 반 교실이 안 보인다.

— 2학년 신수빈

 '교실' 하면 떠오르는 낱말로 빈칸을 채워 보세요.

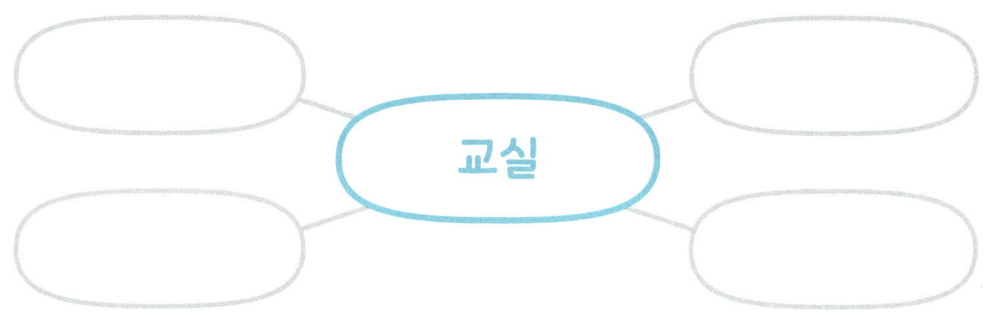

 위에 쓴 낱말 중 하나를 골라 ◯ 안에 쓰고, 떠오른 이야기를 빈칸에 써 보세요.

제목:

21 선생님

글 쓴 날

☐ 월 ☐ 일

☐ 요일

 다음 글을 읽어 보세요.

선생님

선생님이 되고 싶다. 선생님은 맛있는 걸 먹어서 부럽다. 선생님은 똑똑하고, 선생님은 받아쓰기를 지어내니까 좋겠다.

— 1학년 최서경

우리 선생님

우리 선생님은 잘 웃지 않는다.
가끔 선생님이 웃으면 예쁘다.
선생님이 많이 웃으면 좋겠다.

— 2학년 여한솔

150

 '선생님' 하면 떠오르는 낱말로 빈칸을 채워 보세요.

 위에 쓴 낱말 중 하나를 골라 ◯ 안에 쓰고, 떠오른 이야기를 빈칸에 써 보세요.

제목:

22. 지각

글쓴날
☐ 월 ☐ 일
☐ 요일

 **다음 글을 읽어 보세요.**

지각

아침에 늦게 일어나서 지각을 했다.

— 1학년 김영준

늦잠

늦잠을 잤다. 학교에 늦었다.
선생님이 왜 늦었냐고 귀에다 대고 이야기하랬다.
선생님 귀에다 대고 "늦잠 잤어요." 했더니
선생님이 내 귀에다 "응, 어서 자리에 앉아." 하셨다.
우리 선생님은 친절하다. — 2학년 이미나

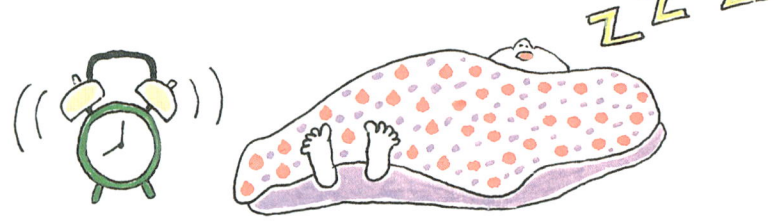

 '지각' 하면 떠오르는 낱말로 빈칸을 채워 보세요.

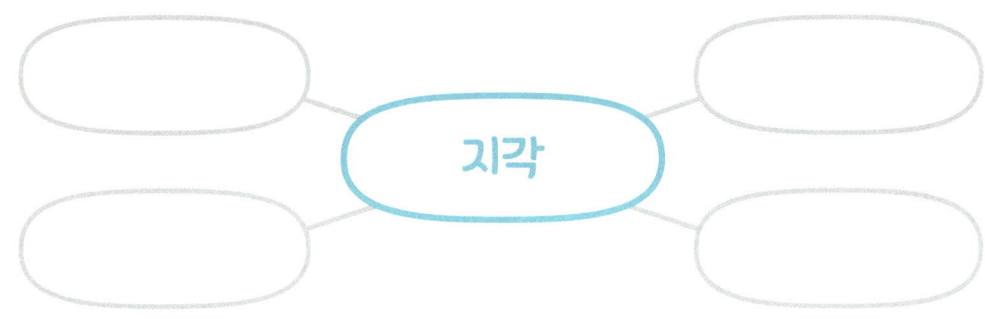

 위에 쓴 낱말 중 하나를 골라 ⬯ 안에 쓰고,
떠오른 이야기를 빈칸에 써 보세요.

제목:

23 병원놀이

글 쓴 날

☐ 월 ☐ 일

☐ 요일

 다음 글을 읽어 보세요.

연서의 병원 약

병원 가서 약을 받고 먹으면 쓰다.
근데 연서 병원 약은 안 쓰고 맛있다.
와! 이거 꿀맛이에요.
알고 보니 비틀즈.

— 2학년 황준경

윤호의 병원

윤호의 병원에 갔는데 부끄럽다. 난 여자고 윤호는 남자.
청진기를 배에 대는데 부끄러워!

— 2학년 이혜진

 '병원놀이' 하면 떠오르는 낱말로 빈칸을 채워 보세요.

 위에 쓴 낱말 중 하나를 골라 ◯ 안에 쓰고,
떠오른 이야기를 빈칸에 써 보세요.

제목:

쉬는 시간

☐ 월 ☐ 일

☐ 요일

 **다음 글을 읽어 보세요.**

30분

우리 학교는 다른 학교와 달리 중간 놀이가 30분이다.
놀 때는 30분도 번개같이 지나간다.
근데 공부할 때는 달팽이같이 지나간다.
난 그게 싫다.

— 1학년 최재호

공기놀이

공부 시간에 만지작만지작,
쉬는 시간 언제 오냐.
쉬는 시간 오면
친구들하고 한 시간쯤 놀고 싶어.

— 4학년 손혜진

 '쉬는 시간' 하면 떠오르는 낱말로 빈칸을 채워 보세요.

 위에 쓴 낱말 중 하나를 골라 ⬭ 안에 쓰고, 떠오른 이야기를 빈칸에 써 보세요.

제목:

25 떨릴 때

글쓴날

☐ 월 ☐ 일

☐ 요일

 **다음 글을 읽어 보세요.**

떨린다

내가 말할 차례가 오면 떨린다.
내가 인사할 차례가 오면 떨린다.
애들은 웃는데 나는 떨린다.

— 4학년 손소연

연극

연극을 하면 긴장된다. 틀리거나 재미가 없으면 어떡하지?
연극을 할 때는 다른 친구들도 긴장될 것이다.

— 4학년 한지성

 '떨릴 때' 하면 떠오르는 낱말로 빈칸을 채워 보세요.

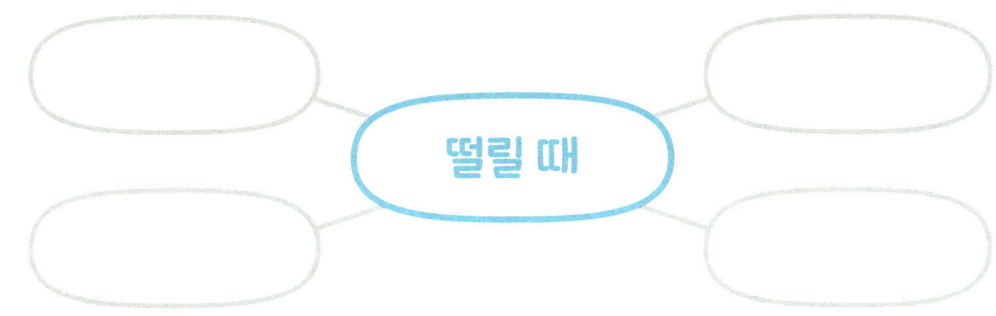

 위에 쓴 낱말 중 하나를 골라 ⬭ 안에 쓰고, 떠오른 이야기를 빈칸에 써 보세요.

제목:

4. 동네

흉내 내지 말고 나만의 말 찾기

1 놀이

글쓴날
☐ 월 ☐ 일
☐ 요일

 **다음 글을 읽어 보세요.**

볼링

쓰러질 때
도미노 같다.

– 2학년 변재훈

달팽이 놀이

어질어질 달팽이
눈이 해롱해롱
머리가 어질어질.

– 2학년 박하람

 '놀이' 하면 떠오르는 낱말로 빈칸을 채워 보세요.

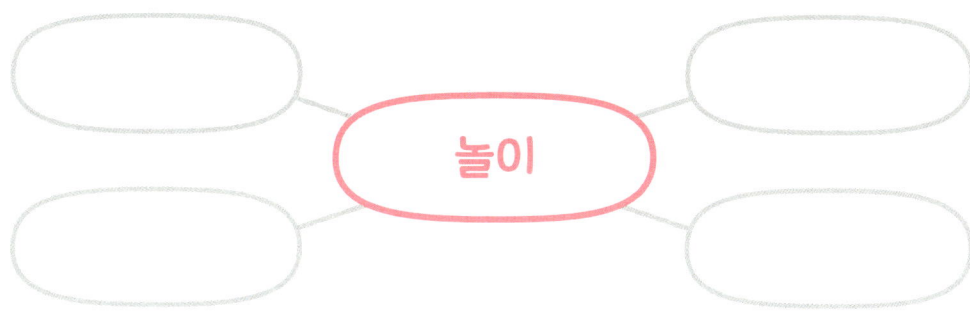

 위에 쓴 낱말 중 하나를 골라 ◯ 안에 쓰고, 떠오른 이야기를 빈칸에 써 보세요.

제목:

2 음식에서 떠오르는 것

글쓴날
☐ 월 ☐ 일
☐ 요일

 다음 글을 읽어 보세요.

빙수

오늘 팥빙수가 먹고 싶었다.
그래서 팥빙수를 그렸다.

- 3학년 신지연

핫초코를 먹으면

엄마가 떠오른다.
엄마처럼 따뜻하다.
엄마가 앞에서 안아 주는 것 같다.

- 2학년 진도윤

 '음식에서 떠오르는 것' 하면 떠오르는 낱말로 빈칸을 채워 보세요.

 위에 쓴 낱말 중 하나를 골라 ◯ 안에 쓰고, 떠오른 이야기를 빈칸에 써 보세요.

제목:

3 자전거

월   일

요일

 다음 글을 읽어 보세요.

자전거 배우기

나는 일곱 살 때부터 두발자전거를 탔다. 자전거 배우기 첫날, 아빠가 뒤에서 잡아 주셨다. 아빠가 손을 딱 놨다. 나는 아빠가 나를 완전히 버린 기분이 들었다.

— 4학년 이규서

자전거

바퀴 두 개 달린 자전거
저녁 운동으로 딱 좋은 자전거
형들과 같이 타면 재미있는 자전거
제일 재미있는 곳은 내리막길!

— 3학년 선종원

 '자전거' 하면 떠오르는 낱말로 빈칸을 채워 보세요.

 위에 쓴 낱말 중 하나를 골라 ◯ 안에 쓰고, 떠오른 이야기를 빈칸에 써 보세요.

제목:

욕

월 일

요일

 **다음 글을 읽어 보세요.**

욕

3학년이 되니까
수도꼭지처럼 애들이 욕을 콸콸 쏟다.

— 3학년 한정우

우리 엄마 운전

우리 엄만 갑자기 끼어들면 "저런 쌍놈"이라고 말한다.
그런데 난 그 말이 통쾌하다.

— 4학년 김주혁

 '욕' 하면 떠오르는 낱말로 빈칸을 채워 보세요.

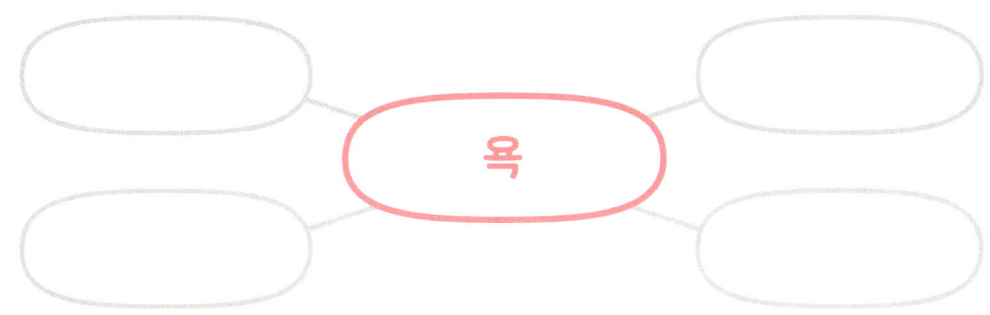

 위에 쓴 낱말 중 하나를 골라 ◯ 안에 쓰고,
떠오른 이야기를 빈칸에 써 보세요.

제목:

5. 미세 먼지

□월 □일
□요일

 다음 글을 읽어 보세요.

미세 먼지

어제 자전거를 가지러 갔다. 자전거를 타자고 했는데
안 된다고 해서 속상했다.

– 2학년 이우민

미세 먼지

안녕? 난 미세 먼지다.
규규, 난 정말로 몸에 나빠.
규규, 몸을 해롭게 해. 바로 나 미세 먼지,
날 막을 수 있는 녀석은 마스크,
손발 깨끗이 씻기.
규규, 그다음은 비다.

– 2학년 송태영

 '미세 먼지' 하면 떠오르는 낱말로 빈칸을 채워 보세요.

 위에 쓴 낱말 중 하나를 골라 ⬭ 안에 쓰고,
떠오른 이야기를 빈칸에 써 보세요.

제목:

6 학원

글 쓴 날

☐ 월 ☐ 일

☐ 요일

 다음 글을 읽어 보세요.

한숨

학원 갈 시간이면
한숨이 입 밖으로 문을 열고 나온다.
푹푹, 하, 하.
신발 신으면 입 밖으로 또 나온다.
푹푹, 하, 하.

– 5학년 김민채

학원

학원 가기 싫다. 그럴 때마다 엄마는 나를 혼낸다.
나는 그럴 때마다 학원에 더 가기 싫다.
나는 학원이 가기 싫고 집에서 텔레비전 보며 놀고 싶다.

– 3학년 정호용

 '학원' 하면 떠오르는 낱말로 빈칸을 채워 보세요.

 위에 쓴 낱말 중 하나를 골라 ◯ 안에 쓰고, 떠오른 이야기를 빈칸에 써 보세요.

제목:

수영

월 　 일

요일

 **다음 글을 읽어 보세요.**

수영장

친구들과 어푸어푸 수영을 하네.
모두 모두 어푸어푸 수영을 하네.
잠수할 땐 음~~파, 음~~파.
다이빙을 풍덩! 어푸어푸 신난다.

— 3학년 정호용

수영장 미끄럼틀

수영장엔 미끄럼틀이 있지. 내가 간 수영장엔
미끄럼틀이 변기처럼 뚱그르르 간다.
내가 타 봤는데 내가 똥이 되는 것 같다.

— 4학년 김대명

 '수영' 하면 떠오르는 낱말로 빈칸을 채워 보세요.

 위에 쓴 낱말 중 하나를 골라 ◯ 안에 쓰고,
떠오른 이야기를 빈칸에 써 보세요.

제목:

8 동물원

□ 월 □ 일

□ 요일

 다음 글을 읽어 보세요.

동물원

동물원에서 사자가
어흥어흥 소리 지른다.
옆에 있던 아이들도 따라서
어흥어흥 짖는다.
사람이 동물하고 얘기가 통하면
정말 재미있을 것 같다. — 3학년 홍성진

우리 집은 동물원

우리 집은 동물원이다. 창고는 고양이관,
사과나무는 조류관, 뒷마당은 강아지관,
마당은 버섯관. 동물은 언제나 환영이다. — 5학년 김도원

 '동물원' 하면 떠오르는 낱말로 빈칸을 채워 보세요.

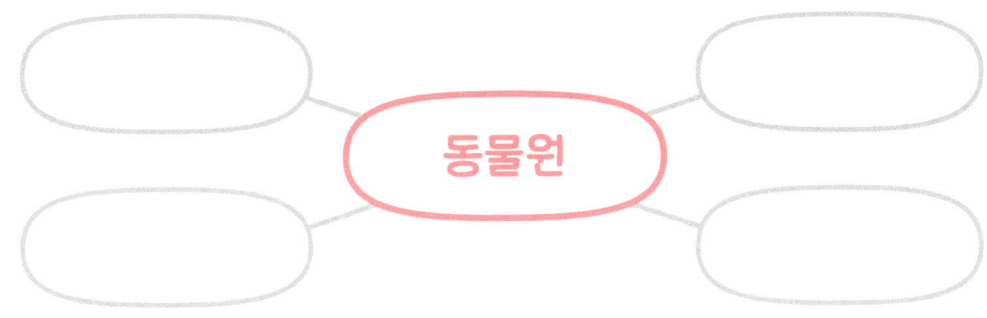

 위에 쓴 낱말 중 하나를 골라 ◯ 안에 쓰고, 떠오른 이야기를 빈칸에 써 보세요.

제목:

9 라면

글쓴날
☐ 월 ☐ 일
☐ 요일

 다음 글을 읽어 보세요.

라면

따끈따끈 라면, 매콤매콤 라면, 맛있는 라면,
세상에서 가장 맛있는 라면은 바로 아빠가 끓여 준 라면.

— 5학년 김지민

호로로록 라면

라면을 먹을 때
쫄깃쫄깃하고 고소하고
국물이 시원하고
호로로록 하는 소리가 재밌다.
"엄마, 라면 한 개만 더."

— 2학년 김두영

 '라면' 하면 떠오르는 낱말로 빈칸을 채워 보세요.

 위에 쓴 낱말 중 하나를 골라 ⬭ 안에 쓰고, 떠오른 이야기를 빈칸에 써 보세요.

제목:

10 연예인

글쓴날

☐ 월 ☐ 일

☐ 요일

 다음 글을 읽어 보세요.

방탄소년단(BTS)

내가 좋아하는 아이돌 그룹 방탄소년단. 그림 그릴 때도 BTS, 텔레비전을 볼 때도 BTS, 케이스 등을 살 때도 BTS, 유튜브 볼 때도 BTS, 노래 들을 때도 BTS.

— 5학년 황은서

손흥민

축구 선수 손흥민,
손흥민은 어떻게 축구를 잘하는 걸까?
손흥민처럼 잘하고 싶다.
나도 잘할 수 있을까?
내 이름은 박현준, 박흥민으로 바꿀까?

— 3학년 박형준

 '연예인' 하면 떠오르는 낱말로 빈칸을 채워 보세요.

 위에 쓴 낱말 중 하나를 골라 ◯ 안에 쓰고, 떠오른 이야기를 빈칸에 써 보세요.

제목:

마트와 시장

글 쓴 날
☐ 월 ☐ 일
☐ 요일

 다음 글을 읽어 보세요.

마트

내가 먹고 싶은 것 하나 카트에다 쏘옥!
다행히 안 들켰지만 계산할 때 "이거 빼 주세요." 한마디에
내 모든 게 무너져 내리는 것 같다.

– 5학년 김정하

대따 긴 갈치

호계시장에 간다.
"야 정은우 같이 가." "알았어."
"어, 저기 고등어가 있어."
"전복도 있네." "어, 대따 긴 갈치."
와! 엄청 길다. 줄에 칼을 매달아 놓은 것 같아.

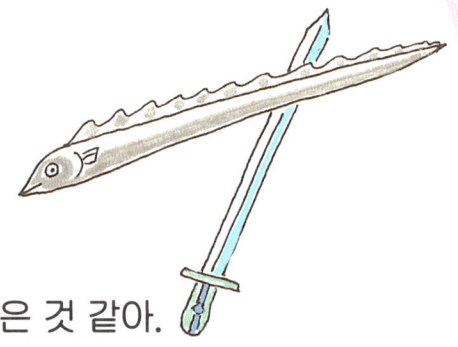

– 2학년 안진효

 '마트와 시장' 하면 떠오르는 낱말로 빈칸을 채워 보세요.

 위에 쓴 낱말 중 하나를 골라 ⬭ 안에 쓰고, 떠오른 이야기를 빈칸에 써 보세요.

제목:

12 똥

글쓴날

☐ 월 ☐ 일

☐ 요일

 다음 글을 읽어 보세요.

나쁜 갈매기 똥

내가 옛날에 배를 타고 가는 동안에 갈매기한테 새우깡을 주는데, 갈매기가 자기는 안 주냐고 내 옷에 똥을 쌌다.

– 1학년 곽민서

강아지 똥

혜교가 재윤이네 강아지를 데리고 산책을 시키는데 갑자기 강아지가 앉아서 똥을 누었는데 내가 그걸 밟을 뻔했다. 그래서 재윤이 엄마가 와서 치워 주셨다.

– 1학년 박서연

 '똥' 하면 떠오르는 낱말로 빈칸을 채워 보세요.

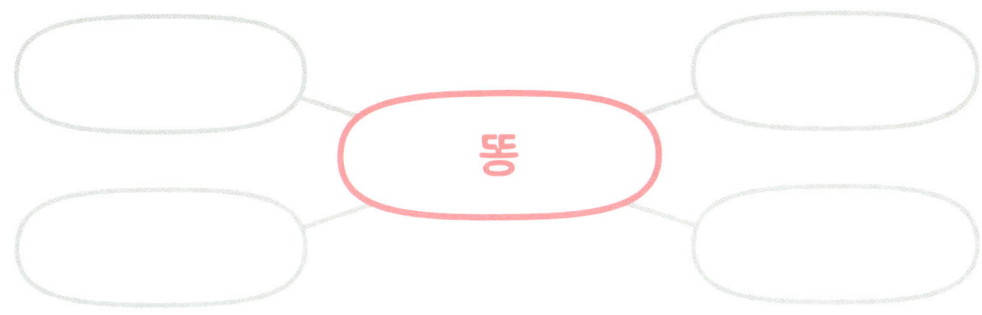

 위에 쓴 낱말 중 하나를 골라 ⬭ 안에 쓰고,
떠오른 이야기를 빈칸에 써 보세요.

제목:

13 계곡

월 일

요일

 다음 글을 읽어 보세요.

계곡의 개미와 새들

사촌 언니와 계곡을 간다.
개미들이 줄줄이 지나간다.
계곡물도 줄줄이 지나간다.
새들이 짹짹거린다.
우리도 새들 따라 짹짹거린다.
줄짹줄짹?　　　– 3학년 박사랑

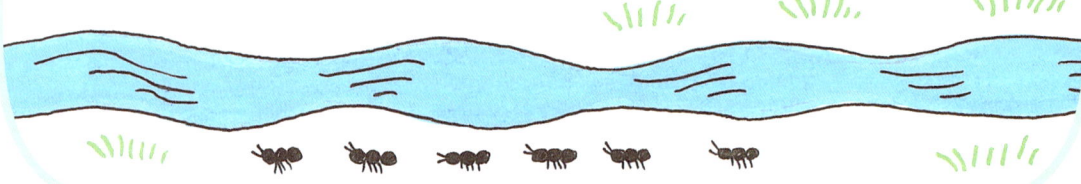

계곡

미끄럼틀 재밌다.

– 1학년 이강훈

 '계곡' 하면 떠오르는 낱말로 빈칸을 채워 보세요.

 위에 쓴 낱말 중 하나를 골라 ⬭ 안에 쓰고,
떠오른 이야기를 빈칸에 써 보세요.

제목:

14 텃밭

글쓴날

☐ 월 ☐ 일

☐ 요일

 다음 글을 읽어 보세요.

텃밭

오늘 텃밭에 갔다.
나는 방울토마토를 땄다.
맛을 보니 너무 셔서
레몬 맛을 느꼈다.

– 1학년 김규리

텃밭의 고추

오늘 고추가 많이 자라서 한 번 먹었더니 엄청 쓰다.
나는 토마토를 키우고 싶었지만 그래도 고추가 많이 자라서
기분은 좋았다. 고추를 만져 보니까 미끌미끌하다.
고추가 미끌하니까 빙판 같다.

– 1학년 김도현

 '텃밭' 하면 떠오르는 낱말로 빈칸을 채워 보세요.

 위에 쓴 낱말 중 하나를 골라 ◯ 안에 쓰고, 떠오른 이야기를 빈칸에 써 보세요.

제목:

15 차 타고 가다 생긴 일

글 쓴 날

☐ 월 ☐ 일

☐ 요일

 다음 글을 읽어 보세요.

차 사고

차를 멈추었을 때 어떤 빡빡 깎은 아저씨가 차를 타고 와서 우리 차를 박았다. 나는 죽을 뻔했다. 그래서 에어백 8개가 터질 뻔했다.

— 1학년 정현빈

차

그저께 강원도 홍천 할머니 집에 갔다. 차가 막혀서 가다, 서다를 되풀이했다. 힘들었다.

— 2학년 김찬영

 '차 타고 가다 생긴 일' 하면 떠오르는 낱말로 빈칸을 채워 보세요.

 위에 쓴 낱말 중 하나를 골라 ⬭ 안에 쓰고, 떠오른 이야기를 빈칸에 써 보세요.

제목:

16 눈 오는 날

☐ 월 ☐ 일

☐ 요일

 **다음 글을 읽어 보세요.**

비닐 포대

작년에 집 앞에 눈이 와서 비닐 포대를 타고 놀았다.
근데 눈이 조금 와서 잘 안 타졌다. 정말 아쉬웠다.
그래도 난 더 탔다.

— 1학년 김하평

눈사람

눈이 많이 내렸다.
엄마는 춥다며 스키복을 입으라고 했다.
학교 운동장에서 눈사람을 만들었다.
눈 위에서 뒹굴기도 했다.
춥지만 눈 오는 날이 좋다.

— 2학년 정원석

 '눈 오는 날' 하면 떠오르는 낱말로 빈칸을 채워 보세요.

 위에 쓴 낱말 중 하나를 골라 ⬭ 안에 쓰고,
떠오른 이야기를 빈칸에 써 보세요.

제목:

17 물건 사기

 **다음 글을 읽어 보세요.**

목욕탕은 마트

목욕탕은 없는 게 없는 마트.
하지만 남자는 없는 마트.
커피, 음료수, 계란도 파는 마트.
마트에 목욕탕이 있는 마트. 신기한 마트다.
물건만 사고 나오고 싶은 우리 동네 목욕탕.

— 4학년 설지원

껌

껌을 샀다. 한 개를 씹으니 심심했다. 두 개, 세 개를 더 씹었다. 다섯 개를 한꺼번에 입에 넣고 씹었다.
입속의 껌이 두툼해서 잘 안 씹혔다.

— 2학년 이원영

 '물건 사기' 하면 떠오르는 낱말로 빈칸을 채워 보세요.

 위에 쓴 낱말 중 하나를 골라 ◯ 안에 쓰고, 떠오른 이야기를 빈칸에 써 보세요.

제목:

18 보는 재미, 하는 재미

글쓴날
☐ 월 ☐ 일
☐ 요일

 다음 글을 읽어 보세요.

만화책

만화책을 보면
만화책 속으로 들어가는 것 같다.
만화책은 너무너무 재미있다.
만화책을 보면
꿈에서도 나온다.

— 2학년 유서희

폭탄 게임

폭탄 게임 할 때 내가 꼴찌가 될 때
가슴이 조마조마한다.
빨리빨리 좀 쳐라. 빨리빨리 좀 쳐라.

— 2학년 권호준

 '보는 재미, 하는 재미' 하면 떠오르는 낱말로 빈칸을 채워 보세요.

 위에 쓴 낱말 중 하나를 골라 ◯ 안에 쓰고, 떠오른 이야기를 빈칸에 써 보세요.

제목:

19 남을 돕고 싶을 때

글쓴날

☐ 월 ☐ 일

☐ 요일

 다음 글을 읽어 보세요.

강아지 사진

우리 아파트 엘리베이터에
강아지를 찾는 사진이 붙었다.
우리 집 푸들과 비슷했다.
까만 털도 같다.
빨리 찾으면 좋겠다.

– 2학년 홍아름

알뜰 시장

알뜰 시장을 했다. 경매도 했다. 나는 반팔 티, 장난감, 구두를 샀다. 판 돈은 모금함에 모았다. 아프리카 어려운 친구들을 돕는다고 했다.

– 2학년 심준기

 '남을 돕고 싶을 때' 하면 떠오르는 낱말로 빈칸을 채워 보세요.

 위에 쓴 낱말 중 하나를 골라 ⬭ 안에 쓰고, 떠오른 이야기를 빈칸에 써 보세요.

제목:

20 왜 그런지는 잘 모르지만

글쓴날

☐ 월 ☐ 일

☐ 요일

 **다음 글을 읽어 보세요.**

뻥치는 뻥튀기

뻥튀기는 거짓말쟁이다.
"뻥" 하고 소리 날 땐 말도 안 하고 "뻥" 하고,
또 뻥 할 것 같으면 소리가 안 난다.

– 2학년 김규민

영화

나는 집에서 영화 볼 때는 오줌이 안 마려운데 영화관에서
영화 볼 때는 오줌이 꼭 마렵다.

– 3학년 이율

 '왜 그런지는 잘 모르지만' 하면 떠오르는 낱말로 빈칸을 채워 보세요.

 위에 쓴 낱말 중 하나를 골라 ◯ 안에 쓰고, 떠오른 이야기를 빈칸에 써 보세요.

제목:

5. 자연

겪기·말하기·글감과 제목.
글쓰기를 한꺼번에 번뜩!

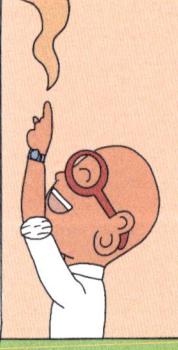

요즘 출근할 때 간단하게 김밥을 싸 간단다. 오늘도 아침 일찍 일어나서 쌀을 씻어 밥을 안치고 통김에 손톱자국을 내서 네모나게 잘랐지. 갓 지은 고슬고슬 밥을 한 숟가락씩 퍼서 김 한 장에 쭉 펴 주었어. 그리고 돌돌 말면 끝이야. 반은 식구들 먹으라고 남겨 놓고 반은 작은 통에 넣어 학교로 왔어. 책상 위에 꺼내 놓은 도시락통을 보니 '충무김밥보다 맛있는 영주김밥이네.'라는 생각이 들었어.

① 고양이

글 쓴 날
☐ 월 ☐ 일
☐ 요일

 다음 글을 읽어 보세요.

나비, 고마워

나비, 고마워.
나한테 너의 예쁜 무늬를
보여 줘서 고마워.
고양이가 너랑 놀고 싶겠구나.

– 3학년 조윤지

민권이 형네 고양이 시루

민권이 형네 집에 갔는데
고양이 시루를 잃어버렸다.
많이 놀던 시루가 없어져서 나도 슬프다.
시루를 다행히 찾았는데도 슬프다.

– 3학년 강성민

 '고양이' 하면 떠오르는 낱말로 빈칸을 채워 보세요.

 위에 쓴 낱말 중 하나를 골라 ◯ 안에 쓰고,
떠오른 이야기를 빈칸에 써 보세요.

제목:

② 강아지

글 쓴 날
☐ 월 ☐ 일
☐ 요일

 다음 글을 읽어 보세요.

가엾은 쫑쫑이

우리 강아지 쫑쫑이, 예방 주사를 못 맞아서 쫑쫑이는 지금도 아프다. 나는 잘 때 울 때도 있다. 너무 슬프다. 쫑쫑이 말고 내가 아프면 좋겠다.

― 2학년 최호진

강아지

우리 강아지는 밤에만 짖는다.
그래서 못 자겠다.
나는 지금도 졸리다.

― 1학년 이권호

 '강아지' 하면 떠오르는 낱말로 빈칸을 채워 보세요.

 위에 쓴 낱말 중 하나를 골라 ⬭ 안에 쓰고,
떠오른 이야기를 빈칸에 써 보세요.

제목:

3. 단풍잎

글쓴날
☐ 월 ☐ 일
☐ 요일

 다음 글을 읽어 보세요.

단풍잎

나는 단풍이 아깝다.
떨어지면 죽어서 아깝다.
내가 바람이었다면
단풍잎을 바람으로 살살 불 거다.

– 2학년 송영호

가을 참 좋다

나무 그늘에 앉아서 리코더 연습을 하는데
시원한 바람이 소올소올,
친구들과 함께 리코더 합주를 하는데
낙엽이 토옥토옥.
시원한 바람, 떨어지는 낙엽, 가을 참 좋다.

– 4학년 김혜연

 '단풍잎' 하면 떠오르는 낱말로 빈칸을 채워 보세요.

 위에 쓴 낱말 중 하나를 골라 ◯ 안에 쓰고,
떠오른 이야기를 빈칸에 써 보세요.

제목:

4

비

글쓴날
☐ 월 ☐ 일
☐ 요일

 **다음 글을 읽어 보세요.**

비

나는 오늘 우산을 쓰고 밖에 나가서 친구들이랑 운동장
두 바퀴를 돌았다. 바닥이 미끄러웠다. 한서가 넘어졌다.
바람이 불어서 우산이 뒤집히고 날아갈 뻔했다.
질퍽하기도 했다. 물방울이 튀어서 차가웠다.

— 1학년 곽민서

비 맞은 날

내가 밖에서 놀고 있었는데
갑자기 비가 와서
옷이 쫄딱 젖었다.

— 1학년 박세은

 '비' 하면 떠오르는 낱말로 빈칸을 채워 보세요.

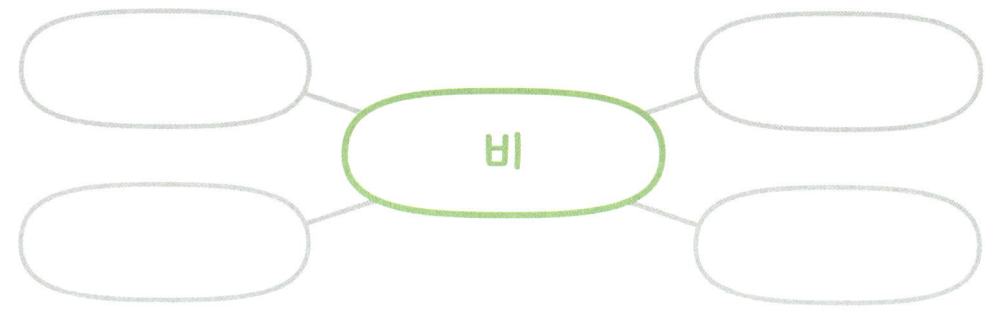

 위에 쓴 낱말 중 하나를 골라 ⬭ 안에 쓰고, 떠오른 이야기를 빈칸에 써 보세요.

제목:

5 나무

글쓴날

☐ 월 ☐ 일

☐ 요일

 **다음 글을 읽어 보세요.**

은행나무

나도 너처럼 오래오래 살고 싶다.

— 4학년 우정아

나무

바람이 불면
나무가 춤을 추고
바람이 쿨쿨 하면
나무도 쿨쿨 잔다.

— 2학년 이소민

 '나무' 하면 떠오르는 낱말로 빈칸을 채워 보세요.

 위에 쓴 낱말 중 하나를 골라 ⬭ 안에 쓰고,
떠오른 이야기를 빈칸에 써 보세요.

제목:

6 하늘

글쓴날

☐월 ☐일

☐요일

 다음 글을 읽어 보세요.

토끼 구름

나는 혜교랑 교실에서 놀다가
나와서 하늘을 봤는데
토끼 구름처럼 생긴 구름을 봤다.

— 1학년 박서연

가을 하늘

하늘에 구름 한 점 없다. 하늘이 가을을 맞이하려고
다이어트 했나 보다.

— 5학년 박경수

 '하늘' 하면 떠오르는 낱말로 빈칸을 채워 보세요.

 위에 쓴 낱말 중 하나를 골라 ⬭ 안에 쓰고,
떠오른 이야기를 빈칸에 써 보세요.

제목:

7 바람

글쓴날

☐ 월 ☐ 일

☐ 요일

 다음 글을 읽어 보세요.

가을바람

가을바람이 불 때 나뭇잎이 부딪치면 스르르, 세게 부딪치면 승광승광, 나한테 맞으면 몸에 들어가는 것 같다.

— 3학년 유현선

태풍

태풍이 왔다. 내가 바람에 잡아먹히는 줄 알았다.

— 1학년 김태희

 '바람' 하면 떠오르는 낱말로 빈칸을 채워 보세요.

 위에 쓴 낱말 중 하나를 골라 ◯ 안에 쓰고,
떠오른 이야기를 빈칸에 써 보세요.

제목:

8 눈

글 쓴 날
☐ 월 ☐ 일
☐ 요일

 다음 글을 읽어 보세요.

눈이 온 날

언니, 눈을 밟을 때 버그적 버그적 소리가 나.
꼭 과자 먹는 소리가 나.

— 2학년 신수빈

눈사람

눈사람도 해가 뜨면 녹는다.
부끄러워서 그러는 것 같다.

— 1학년 조유라

 '눈' 하면 떠오르는 낱말로 빈칸을 채워 보세요.

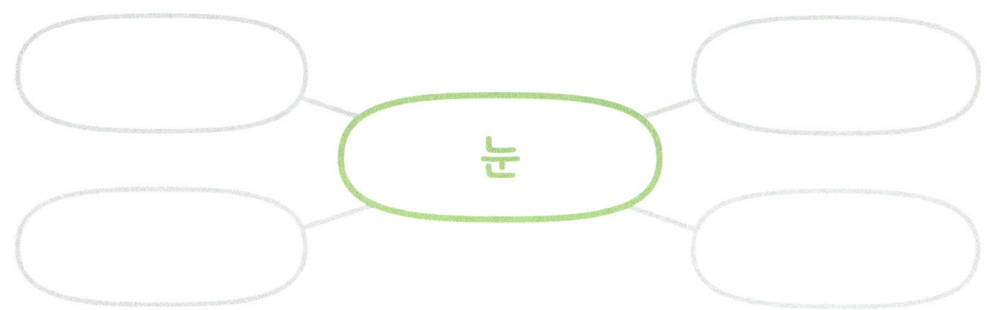

 위에 쓴 낱말 중 하나를 골라 ⬭ 안에 쓰고,
떠오른 이야기를 빈칸에 써 보세요.

제목:

9 동물 키우기

글쓴날
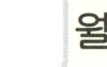 월 일
 요일

 다음 글을 읽어 보세요.

햄스터

나는 옛날에 햄스터를 키웠다.
햄스터는 구덩이를 파서 똥을 누었다.
그래서 신기했다.

– 1학년 김나영

소라게

소라게가 움직인다.
소라게를 풀어 주고 싶다.
하지만 바다는 멀다.
소라게를 데려가다 소라게가 죽을 수도 있다.

– 2학년 강희범

 '동물 키우기' 하면 떠오르는 낱말로 빈칸을 채워 보세요.

 위에 쓴 낱말 중 하나를 골라 ◯ 안에 쓰고,
떠오른 이야기를 빈칸에 써 보세요.

제목:

 **새**

글쓴 날
□월 □일
□요일

다음 글을 읽어 보세요.

새

은행나무 위 새는 까치. 소나무 위 새는 참새 떼.
까치는 둥지 지키느라 바쁘고 참새들은 숨는다고 바쁘고
까치는 깍깍, 참새는 찌륵찌륵. 새들의 소리는 음악 같다.

— 3학년 문예림

딱따구리

내가 발견한 딱따구리,
딱딱딱딱 나무를 쫀다.
탁탁탁탁 올라간다.

— 3학년 조근웅

 '새' 하면 떠오르는 낱말로 빈칸을 채워 보세요.

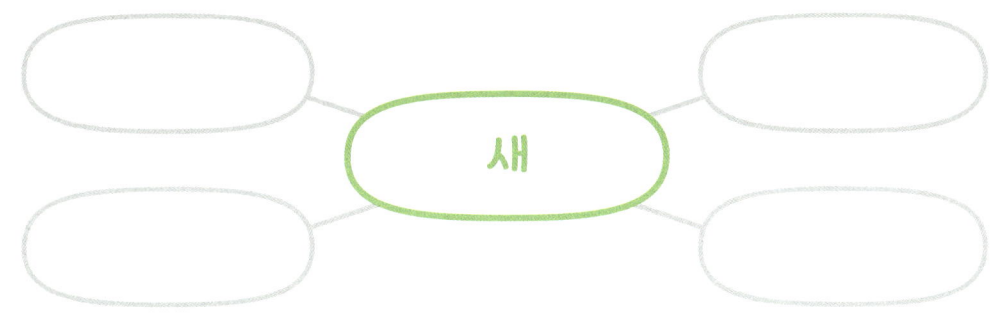

 위에 쓴 낱말 중 하나를 골라 ◯ 안에 쓰고, 떠오른 이야기를 빈칸에 써 보세요.

제목:

가장 쉽게 배우는
맨 처음 글쓰기

1판 1쇄 발행일 2021년 1월 18일
1판 4쇄 발행일 2025년 9월 29일

지은이 김영주
그린이 시은경

발행인 김학원
발행처 휴먼어린이
출판등록 제313-2006-000161호(2006년 7월 31일)
주소 (03991) 서울시 마포구 동교로23길 76(연남동)
전화 02-335-4422 **팩스** 02-334-3427
저자·독자 서비스 humanist@humanistbooks.com
홈페이지 www.humanistbooks.com
유튜브 youtube.com/user/humanistma
페이스북 facebook.com/hmcv2001 **인스타그램** @human_kids
편집 이주은 박민영 **디자인** 유주현 럼어소시에이션
용지 화인페이퍼 **인쇄** 삼조인쇄 **제본** 정민문화사

ⓒ 김영주, 전국초등국어교과모임, 2021

ISBN 978-89-6591-404-4 73700

• 이 책은 저작권법에 따라 보호받는 저작물이므로 무단 전재와 무단 복제를 금합니다.
• 이 책의 전부 또는 일부를 이용하려면 반드시 저작권자와 휴먼어린이 출판사의 동의를 받아야 합니다.
사용 연령 8세 이상 종이에 베이거나 긁히지 않도록 조심하세요. 책 모서리가 날카로우니 던지거나 떨어뜨리지 마세요.